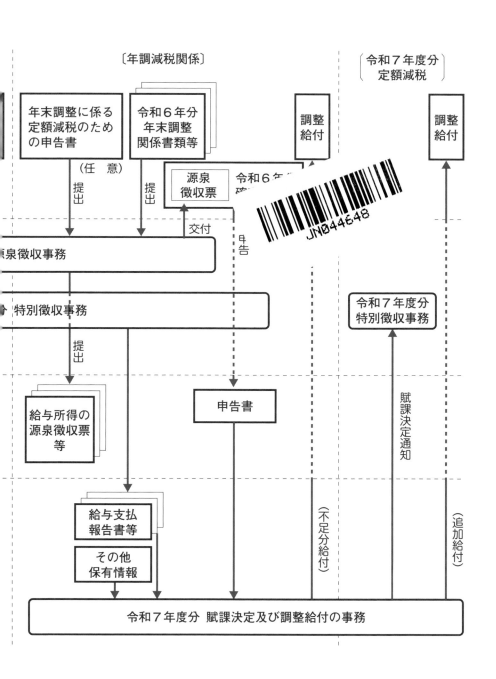

〔年調減税関係〕　　　　　　　　　　　　　令和7年度分
　　　　　　　　　　　　　　　　　　　　　　定額減税

年末調整に係る　　　令和6年分　　　　　　　調整　　　　調整
定額減税のため　　　年末調整　　　　　　　　給付　　　　給付
の申告書　　　　　　関係書類等

　　　　　　（任　意）

　　　提　　　　　　　　提　　　　源泉　　　令和6年
　　　出　　　　　　　　出　　　　徴収票　　確

　泉徴収事務　　　　　　　　　　　　交付　　申告

　特別徴収事務　　　　　　　　　　　　　　　　　　　令和7年度分
　　　　　　　　　　　　　　　　　　　　　　　　　　特別徴収事務
　　　提
　　　出

　給与所得の　　　　　　　申告書　　　　　　　　　　　　賦
　源泉徴収票　　　　　　　　　　　　　　　　　　　　　　課
　等　　　　　　　　　　　　　　　　　　　　　　　　　　決
　　　　　　　　　　　　　　　　　　　　　　　　　　　　定
　　　　　　　　　　　　　　　　　　　　　　　　　　　　通
　給与支払　　　　　　　　　　　　　　　　　　　　　　　知
　報告書等

　その他　　　　　　　　　　　　　　　（不　　　　　　　（追
　保有情報　　　　　　　　　　　　　　足　　　　　　　　加
　　　　　　　　　　　　　　　　　　　分　　　　　　　　給
　　　　　　　　　　　　　　　　　　　給　　　　　　　　付
　　　　　　　　　　　　　　　　　　　付　　　　　　　　）
　　　　　　　　　　　　　　　　　　　）

令和7年度分　賦課決定及び調整給付の事務

税理士・
源泉徴収義務者必携

定額減税の実務
チェックポイント

清水一郎 共著
柳谷憲司

一般財団法人 大蔵財務協会

はしがき

　令和5年11月2日に閣議決定された「デフレ完全脱却のための総合経済対策」のなかで掲げられた5本の柱のうちの第一の柱として、「賃金上昇が物価高に追いついていない国民の負担を緩和するため、デフレ脱却のための一時的な措置として、国民の可処分所得を直接的に下支えする所得税・個人住民税の減税」を行う旨が掲げられました。

　また、この決定を受けた令和6年度税制改正において所得税・個人住民税の定額減税の制度が措置されるとともに、併せて、定額減税しきれない方に対する給付の制度が設けられました。

　このような背景から、定額減税及び給付の各制度の実施に当たっては、わかりやすく事務負担が少なくなるように「簡素」で、特に低所得者の方々には「迅速」に、かつ、できるだけ公平であるよう「適切」に行うこととされています。

　定額減税や給付を受ける方々、特に給与の収入が主な方々にとっては、これら制度の適用を「迅速」に受けるためには、源泉徴収義務者である支払者が定額減税制度に関する事務を適切に行っていくこと、さらに、給与の受給者が定額減税制度だけでなく給付の制度を正しく理解することのいずれもおろそかにすべきではない重要な事柄であると言えます。

　そこで、本書では、特に源泉徴収義務者として定額減税に関する事務を担う立場から知っておきたいこと、さらに、受給者と直接に接する機会が多いであろう支払者が、受給者から寄せられた質問に困ることのないように、定額減税制度に限らず給付制度などに関しても併せて触れることとし、また、これら事項をわかりやすく平易に記載することに配慮した構成となっています。

　読者の方々が、定額減税制度などの事務の実施に際して、常に本書をお手元

に置いていただき事務の参考としていただけますように願います。

　最後に本書の刊行に当たり、多大なご助力ご支援を賜りました一般財団法人大蔵財務協会の出版編集部の諸氏に厚く御礼申し上げます。

令和6年4月

著　者

―本書のご利用にあたって―

　本書の解説にあたっては下記の〔凡例〕を使用しています。なお、これらの略称については、本書中における解説の便宜上使用している用語であることにご留意願います。

　また、本書の内容等については、本書執筆時点（令和6年4月15日現在）で公表されている法令及び官公庁の情報等に基づいた執筆者の私見であることを申し添えます。

---------------------------------〔凡　　例〕---------------------------------

措法………………………………	租税特別措置法（令和6年3月30日成立所得税法等の一部を改正する法律施行後のもの）
措令………………………………	租税特別措置法施行令（令和6年3月30日成立租税特別措置法施行令の一部を改正する政令施行後のもの）
措規………………………………	租税特別措置法施行規則（令和6年3月30日成立租税特別措置法施行規則の一部を改正する省令施行後のもの）
個人住民税………………………	個人の道府県民税及び市町村民税
地方税法…………………………	地方税法（令和6年3月30日成立地方税法等の一部を改正する法律施行後のもの）
復興財確法………………………	東日本大震災からの復興のための施策を実施するために必要な財源の確保に関する特別措置法（令和6年3月30日成立所得税法等の一部を改正する法律施行後のもの）
給与等減税………………………	措法41条3の7に規定する給与等に係る定額減税

給与等減税申告書……………給与等減税に係る申告書（「源泉徴収に係る定額減税のための申告書」）

減税申告書…………………給与等減税申告書及び年調減税申告書の総称

源泉徴収減税………………給与等減税及び年調減税を併せた総称

公的年金等受給者……………措令26条の４の５に規定する特定公的年金等の支払いを受ける者

支払者（給与等支払者）………主たる給与等の支払者（源泉徴収義務者）

受給者（給与等受給者）………主たる給与等の支払いを受ける者

申告減税…………………措法41条の３の３に規定する確定申告に係る定額減税

適格同一生計配偶者…………同一生計配偶者（３ページ（※１））のうち、居住者に該当しかつ年間（見積）合計所得金額が48万円以下の者

適格扶養親族………………扶養親族（３ページ（※２））のうち居住者に該当する者

適格扶養親族等………………適格同一生計配偶者と適格扶養親族を併せた総称

特定公的年金等減税…………措法41条の３の９に規定する公的年金等に係る定額減税

年調減税…………………措法41条３の８に規定する年末調整に係る定額減税

年調減税申告書………………年調減税に係る申告書（「年末調整に係る定額減税のための申告書」）

扶養控除等申告書……………給与所得者の扶養控除等（異動）申告書

予定納税減税………………措法41条の３の５に規定する予定納税に係る定額減税

本書執筆にあたっては、下記の公表資料等を参考としています。

〔参考資料等〕

○　令和5年分年末調整のしかた（国税庁）

○　給与等の源泉徴収事務に係る令和6年分所得税の定額減税のしかた（国税庁）

○　令和6年分所得税の定額減税Q＆A（令和6年4月11日更新版）（国税庁）

○　年末調整計算シート（国税庁）

○　各人別控除事績簿（国税庁）

○　源泉徴収に係る定額減税のための申告書（国税庁）

○　年末調整に係る定額減税のための申告書（国税庁）

○　令和5年度物価高騰対応重点支援地方創生臨時交付金（給付金・定額減税一体支援枠）～低所得者支援及び定額減税補足給付金～自治体職員向けQ＆A（令和6年2月21日版）（内閣府）

○　令和6年度地方税制改正・地方税務行政の運営に当たっての留意事項等について（令和6年1月18日付事務連絡）（総務省）

○　個人住民税の定額減税（案）に係るQ＆A集（令和6年1月29日付）（総務省）

Ⅳ 源泉徴収事務担当者が知っておきたいQ＆A

Ⅴ　ポイント解説

《給与等支払者が源泉徴収減税に係る事務を行うに当たり確認すべき主な事項及び確認方法について》

I　今回の制度について

　賃金上昇が物価高に追いついていない国民の負担を緩和し、物価上昇を十分に超える持続的な賃上げが行われる経済の実現を目指す観点から、次のような減税措置が行われました。

　すなわち、所得税については、令和6年分の所得税の額から定額による特別控除を、また個人住民税については、令和6年度分の所得割の額から定額による特別控除をそれぞれ実施することとなります（以下、これら特別控除を併せて「定額減税」と、これらの制度を併せて「定額減税制度」といいます。）。

　　　　（令和5年12月22日閣議決定「令和6年度税制改正の大綱」より抜粋引用）

II　実施方法について

《所得税関係》

1　総論

　所得税に係る定額減税制度は、所得税の合計所得金額（注1）が1,805万円以下である居住者（注2）に対象者を限定したところで、原則として、世帯を単位として行われることを前提に、定額減税の対象となる者の人数に応じた額で行われることとされています。

　なお、その実施については、①所得税の確定申告を行う者は令和6年分の確定申告時の納付税額及び令和6年分の予定納税額から、②給与所得者は令和6年分の主たる給与等に係る源泉徴収税額から並びに③年金受給者は令和6年分の年金の支給の際にこの支給額に係る源泉徴収税額からそれぞれ控除が行われ

ることとされています（措法41の3の3〜41の3の10）。

(注1)　所得税の合計所得金額とは、所得税法第2条第1項第30号に規定するものをいい、純損失又は雑損失の繰越控除、居住用財産の買換え等の場合の譲渡損失の繰越控除及び特定居住用財産の譲渡損失の繰越控除を適用しないで計算した総所得金額、上場株式等に係る配当所得等について、申告分離課税の適用を受けることとした場合のその配当所得等の金額（上場株式等に係る譲渡損失の損益通算の適用がある場合には、その適用後の金額及び上場株式等に係る譲渡損失の繰越控除の適用がある場合には、その適用前の金額）、土地・建物等の譲渡所得の金額（長期譲渡所得の金額（特別控除前）と短期譲渡所得の金額（特別控除前））、一般株式等に係る譲渡所得等の金額又は上場株式等に係る譲渡所得等の金額（上場株式等に係る譲渡損失の繰越控除又は特定中小会社が発行した株式に係る譲渡損失の繰越控除の適用がある場合には、その適用前の金額）、先物取引に係る雑所得等の金額（先物取引の差金等決済に係る損失の繰越控除の適用がある場合には、その適用前の金額）、**退職所得金額**及び山林所得金額の合計額をいいます。

(注2)　居住者とは、国内に住所を有し、又は現在まで引き続いて1年以上居所を有する個人をいいますので、非永住者も含まれることとなります。

2　各論：確定申告関係

イ　申告減税について

　　合計所得金額1,805万円以下となる居住者に限定して、その者の令和6年分の所得税の額（所得税減税を控除する前の所得税の額（以下「控除前税額」）といいます。）から所得税減税の額を控除することにより行われます（措法41条の3の3）。

　　なお、ここでいう所得税減税の額は、次の①から③に掲げる額の合計額となりますが、この合計額が控除前税額を超える場合には、控除前税額と同額となります。

　　(注)　この場合の控除できなかった部分の金額については、地方自治体から「調整給付」（14ページ参照）が行われることとなります。

①　30,000円

②　適格同一生計配偶者（※１、３）を有する者の場合　30,000円

③　適格扶養親族（※２、３）を有する者の場合　一人当たり　30,000円

（※１）　所得税法第２条第１項第33号に規定する同一生計配偶者に該当する居住者をいいます。

（※２）　所得税法第２条第１項第34号に規定する扶養親族に該当する居住者をいいます。

（※３）　申告定額減税控除の適用対象者の同一生計配偶者及び扶養親族に該当するか否かの判定の時期は、この適用対象者の令和６年12月31日の現況によることとされています。なお、この者が年の中途で死亡し、または出国（＊）をする場合には、その死亡又は出国の時の現況によることとなりますが、その判定対象となる方がその当時すでに死亡していた場合にはその死亡の時の現況によることとなります。

（＊）　納税管理人の届出をしないで国内に住所及び居所を有しないこととなることをいいます（国税通則法117②）。

ロ　予定納税減税について

　予定納税の納期限は、第１期は７月31日とされているところですが、定額減税制度の実施を受け、令和６年分の予定納税に限り9月30日とされました。なお、この期限の変更は定額減税制度の適用にならない者も対象とされます（措法41条の３の４、41条の３の５）。

　また、第１期の予定納税額は、予定納税減税の額（30,000円）を控除した後の金額に相当する金額とすることとされました。

　なお、所得税法第107条の適用を受ける同条第１項各号に掲げる者いわゆる特別農業所得者などについては、予定納税の第２期において予定納税減税の額を控除することとなります。

ハ　予定納税減税と予定納税の減額の承認の申請関係について

　　予定納税の減額の承認の申請期限は、7月15日とされているところですが、定額減税制度の実施を受け、令和6年分のものに限り7月31日とされました。なお、この期限の変更は定額減税制度の適用にならない者についても適用されます（措法41条の3の4、41条の3の6）。

　　また、予定納税定額減税の適用を受けると見込まれる者で、この額が30,000円を超えると見込まれる場合において、減額の承認の申請を行うことができるか否かの判断にあたっての申告納税見積額及び予定納税基準額は、それぞれ予定納税減税の額を控除した後の金額によることとされました。

　　なお、上記の承認を受けた場合、第1期において納付すべき予定納税額は、合計所得金額が1,805万円以下である者については、申告納税見積額の3分の1に相当する金額から予定納税特別控除額を控除した金額に相当する金額となります（合計所得金額が1,805万円を超える者についてはこの適用はありません。）。

　　また、予定納税減税の額のうち第1期において控除しきれない金額が生じる場合には、申告納税見積額の3分の1に相当する金額からこの控除しきれない金額を控除した後の金額が、第2期において納付すべき予定納税額とされます。

ニ　令和6年分確定申告において控除しきれない申告減税の額が生じる場合

　　令和6年分確定申告において控除しきれない申告減税の額が生じる場合には、その控除しきれない額から算定した金額が地方自治体から調整給付として給付金が支給されることとなります（14ページ参照）。

3　各論：源泉徴収減税関係

イ　給与等減税関係について

　　令和 6 年 6 月 1 日において、給与等の支払者（源泉徴収義務者）から主たる給与等（注 1）の支払いを受ける者に該当する者であって居住者に該当するものに限り、同日以後最初にこの支払者から支払いを受ける給与等（その年最後に支払いを受ける給与等に該当するものは除かれます。以下「第一回目控除適用給与等」といいます。）につき徴収すべき所得税の額は、給与等減税の額（注 2）がないものとして算定された所得税の額（以下「第一回目控除適用給与等に係る控除前源泉徴収税額」といいます。）からこの給与等減税の額を控除した後の金額とされました。

　　なお、給与等減税の額が第一回目控除適用給与等に係る控除前源泉徴収税額を超える場合に控除すべき金額は、第一回目控除適用給与等に係る控除前源泉徴収税額と同額となりますので、この場合には、支払いの際に徴収すべき税額はないこととなります。

　　また、給与等減税の額のうち第一回目控除適用給与等に係る控除前源泉徴収税額から控除しきれない金額（以下「第一回目控除未済給与等特別控除額」といいます。）がある場合には、第一回目控除適用給与等の支払い後に支払いを受けることとなる給与等（その年最後に支払いを受ける給与等に該当するものは除かれます。以下「第二回目以降控除適用給与等」といいます。）のうち直近のものから順次、第一回目控除未済給与等特別控除額がなくなるまで、控除していくこととなります。

（注 1）　給与所得者の扶養控除等申告書の提出先である者から支払いを受ける給与等をいいます。
（注 2）　給与等減税の額は、次に掲げる①から⑤の金額の合計額となります。
　　　①　30,000円
　　　②　給与の支払者に提出された給与所得者の扶養控除等申告書に記載された源泉控除対象配偶者（※ 1）である適格同一生計配偶者を有する

者の場合　30,000円

③　給与の支払者に提出された給与所得者の扶養控除等申告書に記載された控除対象扶養親族（※2）である適格扶養親族を有する者の場合一人当たり　30,000円

（※1）　源泉控除対象配偶者とは、居住者（合計所得金額が900万円以下である者に限ります。）の配偶者であって、同人と生計を一にする者（青色事業専従者等を除きます。）のうち、合計所得金額が95万円以下である者をいいます（所法2①三十三）。

したがって、給与等の支払いの際に徴収される所得税額の計算上扶養親族等の人数に含められるべき源泉控除対象配偶者であっても、給与等減税の額の計算上適格同一生計配偶者とならない者が生じることとなります。

（※2）　控除対象扶養親族とは、扶養親族のうち年齢16歳以上の者をいいます（所法2①三十四、三十四の二）。

④　第一回目控除適用給与等の支払いを受ける日までに適格同一生計配偶者（上記②に該当する者は除きます。）に係る事項その他所要の事項を記載した給与等減税申告書を給与等の支払者に提出した場合にその記載された適格同一生計配偶者を有する場合　30,000円

⑤　第一回目控除適用給与等の支払いを受ける日までに適格扶養親族（上記③に該当する者を除きます。）に係る事項その他所要の事項を記載した給与等減税申告書を給与等の支払者に提出した場合にその記載された適格扶養親族を有する場合　一人につき30,000円

ロ　年末調整関係について

一般に年末調整と呼ばれる手続きを行う理由として「給与の支払者は、毎月（毎日）の給与の支払の際に所定の源泉徴収税額表によって所得税及び復興特別所得税の源泉徴収をすることになっていますが、その源泉徴収をした税額の1年間の合計額は、給与の支払を受ける人の年間の給与総額について納めなければならない税額（年税額）と一致しないのが通常」なところ、この「不一致を精算するため、1年間の給与総額が確定する年末

にその年に納めるべき税額を正しく計算し、それまでに徴収した税額との過不足額を求め、その差額を徴収又は還付し精算することが必要」となるためとされています（国税庁パンフレット「令和5年分　年末調整のしかた」より抜粋引用）。

　年調減税の制度の適用にあたっては、この制度の適用がないものとして計算された上記の年税額に相当する額（**（特定増改築等）住宅借入金等特別控除を適用した後の金額となります。**）から年調減税の額（注）を控除した金額が年税額とされます。

(注)　年調減税の額は、次に掲げる①から⑤の金額の合計額となります。
　　①　30,000円
　　②　支払者に提出された<u>給与所得者の配偶者控除等申告書に記載された控除対象配偶者</u>（源泉控除対象配偶者ではありません。居住者に限ります。）を有する者の場合　30,000円
　　③　支払者に提出された給与所得者の扶養控除等申告書に記載された控除対象扶養親族（居住者である者に限ります。）を有する者の場合　一人当たり　30,000円
　　④　支払者に対して、その年最後の給与等の支払いを受ける日までに、年調減税申告書が提出された場合であって、この申告書に適格同一生計配偶者（上記②に記載の配偶者を除きます。）の記載があるとき　30,000円
　　⑤　支払者に対して、その年最後の給与等の支払いを受ける日までに、年調減税申告書が提出された場合であって、この申告書に適格扶養親族（上記③に記載の控除対象扶養親族を除きます。）の記載があるとき　一人につき30,000円

ハ　まとめ

　給与等の源泉徴収関係についての主なポイントは、次のような事項となります。

①　給与等減税について
　ⅰ　対象となる同一生計配偶者及び扶養親族は、給与等減税申告書の提

出がある場合を除き、原則として、給与所得者の扶養控除等申告書に記載された源泉控除対象配偶者及び控除対象扶養親族（いずれも、合計所得金額の見積額が48万円以下の者であって、かつ居住者である者に限られます。）であって適格扶養親族等の要件を満たす者に限られます。

ⅱ 第一回目控除適用給与等において控除しきれない第一回目控除未済給与等特別控除額については、第二回目以降控除適用給与等から順次控除します。

② 年調減税について

ⅰ 対象となる配偶者及び扶養親族は、年末調整に係る定額減税のための申告書の提出がある場合を除き、原則として、給与所得者の配偶者控除等申告書及び給与所得者の扶養控除等申告書に記載された控除対象配偶者及び控除対象扶養親族（いずれも、居住者である者に限られます。）に限られます。

ⅱ 受給者の年末調整において年末調整特別控除額の適用対象とならなかった配偶者及び扶養親族に係る定額減税額については、受給者が確定申告することにより控除することとなります。

③ 年末調整時において控除しきれなかった定額減税の金額がある場合、その控除しきれない額から算定した金額が地方自治体から給付金として支給されることとなります。

【生計を一にする配偶者に係る給与等減税及び年調減税の適用関係イメージ】

　下図の太線の枠で囲まれた部分（B・C・D）が給与等減税及び年調減税の対象となる生計を一にする配偶者の範囲です。

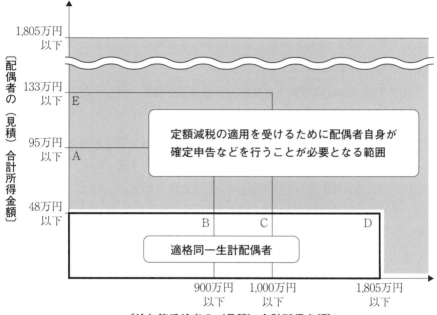

1　源泉控除対象配偶者の範囲…A＋B
2　年末調整の際の控除対象配偶者の範囲…B＋C
3　配偶者特別控除の対象となる者の範囲…A＋E
4　給与等減税申告書の提出がない場合の給与等減税の額の計算基礎となる生計を一にする配偶者の範囲（ただし居住者に限ります。）…B
5　年調減税申告書の提出がない場合の年調減税の額の計算基礎となる生計を一にする配偶者の範囲…B＋C
6　減税申告書の提出がある場合の控除額計算の基礎となる生計を一にする配偶者の範囲（ただし居住者に限ります。）…B＋C＋D
7　確定申告において令和6年分特別税額控除額の計算の基礎となる配偶者の範囲（ただし居住者に限ります。）…B＋C＋D
8　定額減税の適用を受けるために配偶者自身が確定申告などを行うことが必要となる生計を一にする配偶者の範囲（ただし居住者に限ります。）…網かけ部分

4 各論：特定公的年金等減税関係について

　居住者が、公的年金等のうち特定公的年金等（注1）に該当するものであって、令和6年6月1日以後最初に支払いを受けるもの（以下「第一回目控除適用公的年金等」といいます。）に係る源泉所得税額は、特定公的年金等減税の額（注2）を控除する前のもの（以下「第一回目控除適用公的年金等に係る控除前源泉徴収税額」と言います。）から特定公的年金等減税の額を控除した金額を徴収すべき所得税の額とされました。

　なお、特定公的年金等減税の額が第一回目控除適用公的年金等に係る控除前源泉徴収税額から控除しきれない場合（この控除しきれない額を、以下「第一回目控除未済年金特別控除額」といいます。）には、第一回目控除適用公的年金等に係る控除前源泉徴収税額が特定公的年金等の額となります。

（注1）　特定公的年金等は、措令26条の4の5及び措規18条の23の7に掲げる次のような公的年金等であって、令和7年1月31日までに支払いを受けるものをいいます。
　　　① 厚生労働大臣が支給する公的年金等
　　　② 国家公務員共済組合連合会が支給する公的年金等
　　　③ 地方公務員共済組合、全国市町村職員共済組合連合会又は地方公務員等共済組合法の一部を改正する法律附則第23条第1項第3号に規定する存続共済会が支給する公的年金等
　　　④ 日本私立学校振興・共済事業団が支給する公的年金等
　　　など
（注2）　特定公的年金等減税の額とは、次に掲げる①及び③の金額の合計額となります。
　　　① 30,000円
　　　② 公的年金等の受給者の扶養親族等申告書の提出がある場合でこの申告書に源泉控除対象配偶者（合計所得金額の見積額が48万円以下の者に限ります。）のある旨の記載があるとき　30,000円
　　　③ 公的年金等の受給者の扶養親族等申告書の提出のある場合でこの申告書に控除対象扶養親族がある旨の記載のあるとき　一人当たり　30,000円

《地方税関係》

1 総論

地方税に係る定額減税制度は、令和5年分の合計所得金額が1,805万円以下である者を対象として、令和6年度分の所得割の額から控除が行われます（地方税法附則5条8以下）。

※ その一部については、令和7年度分の所得割の額から控除が行われる場合があります。

2 各論：普通徴収関係

イ 道府県民税に係る定額減税について

「道府県民税に係る令和6年度分特別税額控除額」は、令和6年度分の個人の道府県民税に限り、令和5年分の合計所得金額が1,805万円以下である所得割の納税義務者（以下「特別税額控除対象納税義務者」といいます。）の、地方税に係る定額減税制度を適用する前の所得割の額から控除することにより行われます（地方税法附則5条の8①）。

なお、ここでいう道府県民税に係る令和6年度分特別税額控除額とは、次の①と②に掲げる額の合計額（以下「個人の住民税の所得割の額」といいます。）が、1万円（控除対象配偶者又は扶養親族（日本国内に住所を有しない者を除きます。以下地方税に係る本文中の記載において「控除対象配偶者等」といいます。）を有する場合には一人につき1万円を加算した金額となります。以下「普通徴収控除可能額」といいます。）を超える場合には普通徴収控除可能額（普通徴収控除可能額以下となる場合は、次の①と②の合計額）に、次の①に掲げる額を①と②の合計額で除して得た数値を乗じて得た金額（1円未満の端数が生じた場合又はその全額が1円未満であるときにはその端数金額又は全額を切り上げた金額となります。）をいいます。

① 道府県民税に係る定額減税制度を適用する前の所得割の額

② 市町村民税に係る定額減税制度を適用する前の所得割の額

   (注)　控除対象配偶者及び扶養親族が控除対象配偶者等に該当するか否かは、令和5年12月31日（令和5年の中途においてその者が死亡した場合には、その死亡の時）の現況により行われます。

ロ　市町村民税に係る定額減税について

令和6年度分の個人の市町村民税に限り、「市町村民税に係る令和6年度分特別税額控除額」を、特別税額控除対象納税義務者の、地方税に係る定額減税制度を適用する前の、所得割の額から控除することにより行われます（地方税法附則5条の8④）。

定額減税の額の道府県民税部分と市町村民税部分との按分計算

$$\text{道府県民税分(A)} = \text{普通徴収控除額} \times \frac{\text{上記イの①の額}}{\text{上記イの①の額 + 上記イの②の額}}$$

$$\text{市町村民税分} = \text{普通徴収控除額} - A$$

※上記イの①及び②の合計額 ＞ 10,000円×人数（本人及び控除対象配偶者等）の場合

   普通徴収控除額 ＝ 10,000円×人数（本人及び控除対象配偶者等）

   上記イの①及び②の合計額 ≦ 10,000円×人数（本人及び控除対象配偶者等）の場合

   普通徴収控除可能額 ＝ イの①及び②の合計額

ハ　控除の時期等について

令和6年度分の個人の道府県民税及び市町村民税に限り、普通徴収の方法によって徴収するものに係る控除は、年4回の納期のうち第1期となる

6月において控除し、第1期で控除しきれない額が生じた場合には第2期以降順次控除していくこととなります（給与所得に係る特別徴収税額の普通徴収税額への繰入れ（地方税法41条、321条の7、同法附則5条の9）の適用を受けるものを除きます。）。

3 各論：特別徴収関係

イ 給与等に係る特別徴収ついて

令和6年度分の特別徴収に限り、令和6年6月分のものからの徴収は行われず、同年7月分から定額減税後の税額を11で除して算定された金額を徴収することとなります。

ロ 公的年金等に係る特別徴収について

令和6年度分の特別徴収に限り、令和6年10月分の特別徴収税額から控除することとし、控除しきれない場合は、同年12月分以降の特別徴収税額から順次控除することとなります。

4 その他

居住者が、令和6年度分特別税額控除額の算定において対象とならない控除対象配偶者以外の同一生計配偶者を有する場合には、令和7年度分の所得割の額からこの者に係る定額減税の額を控除することとなります（地方税法附則5条の12）。

Ⅲ 制度の概要
《所得税の取扱いと地方税の取扱いとの連携等関係》

1 情報の連携

　国税において、税額の確定については、原則として申告納税制度を採用しており、また源泉徴収の際は、令和6年分の扶養控除等申告書などから令和6年分に係る情報を把握することが可能である。他方、地方税においては、普通徴収の場合は前年の所得等を基準として当年度分の普通徴収税額が確定されること、特別徴収による場合は、賦課徴収制度を採用していることから、特別徴収義務者に対する令和6年度分の賦課決定は、令和5年分の情報に基づいて行われることになります。

　このため、地方自治体では、国税当局から提供を受ける令和5年分所得税の確定申告の情報、支払者等から提出された支払報告書等及び独自に保有する情報から定額減税の額等を算定する必要があるところ、例えば、控除対象配偶者等に該当しない同一生計配偶者についての情報を令和6年中に補足することは困難であると思われます。

　以上のことから、所得税と個人住民税（所得割）に係る定額減税の適用時期には差異が生じることとなります。

2 調整給付による給付金関係
(1) 制度の概要

　調整給付とは、政府与党政策懇談会（令和5年10月26日）における総理指示及び「デフレ完全脱却のための総合経済対策」（令和5年11月2日閣議決定）を踏まえ、低所得者支援及び定額減税を補足する給付として、定額減税の実施と併せて以下の一連の給付の一環として実施されるものです。

Ⅲ　制度の概要《所得税の取扱いと地方税の取扱いとの連携等関係》

① 　個人住民税均等割のみの課税がなされる世帯への給付

② 　こども加算

③ 　新たに住民税非課税等となる世帯への給付

④ 　**調整給付**

（内閣府「令和５年度物価高騰対応重点支援地方創生臨時交付金（給付金・定額減税一体支援枠）～低所得者支援及び定額減税補足給付金～自治体職員向けＱ＆Ａ」（第３版）より抜粋引用）

【定額減税と調整給付の関係イメージ】

（パターン１）　定額減税となるべき額と実際の額とが一致する場合

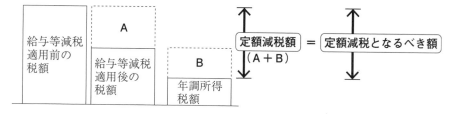

（パターン２）　定額減税となるべき額と実際の額とが一致しない場合

① 　年末調整又は確定申告で精算する場合

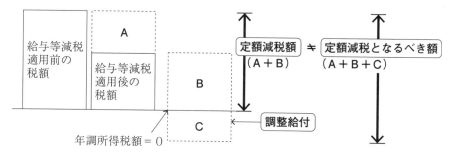

② 年末調整又は確定申告で精算しない場合

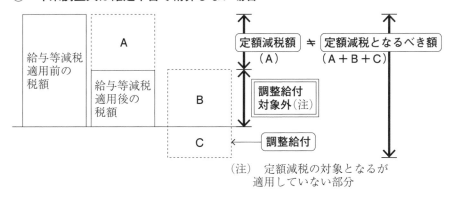

(注) 定額減税の対象となるが
    適用していない部分

⑵ **対象者及び手続の概要**

　上記⑴の①〜④の給付は、「簡素（わかりやすく）」、「迅速（特に低所得の方々）」及び「適切（できるだけ公平に）」のバランスを考慮したところで行われることとされており、④の調整給付の対象とされる者は、定額減税しきれないと見込まれる方を対象に、令和7年分の確定申告を待たずに、令和6年以前に入手可能な課税情報をもとに、また地方自治体の事務負担などを踏まえ前倒しにより1万円単位で差額を給付されることとなります。

　なお、給付が行われた後に実績が判明し、定額減税可能な額（「定額減税＋調整給付」の額）が不足する場合には、追加の給付が行われることとされています（超過が生じた場合については、原則として返還を求められることはないとされています。）。

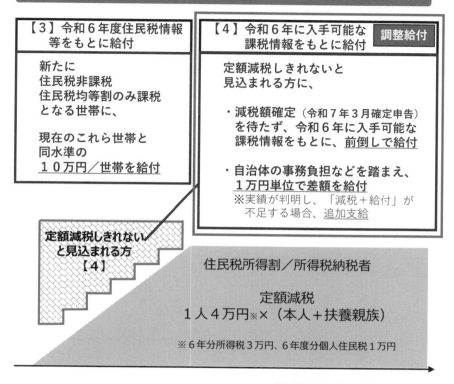

〔出典〕内閣府地方創生推進室HP

(3)　実施のイメージ

　　調整給付について、当初の見込み額に基づく給付及び実績額に係る給付は、
次に掲げる図の流れにより行われる予定となっています。

1. 対象者（個人単位）

定額減税可能額が、令和6年に入手可能な課税情報を基に把握された当該納税者の「令和6年分推計所得税額」（令和5年分所得税額）又は「令和6年度分個人住民税所得割額」を上回る者

定額減税可能額：	所得税分 　　　　＝3万円×減税対象人数
	個人住民税所得割分　＝1万円×減税対象人数
減税対象人数：	納税者本人＋同一生計配偶者＋扶養親族（16歳未満扶養親族を含む）の数

2. 給付額

(1)＋(2)の合算額（合算額を万円単位に切り上げる）
- (1) 所得税分定額減税可能額－令和6年分推計所得税額（令和5年分所得税額）　　((1)＜0の場合は0)
- (2) 個人住民税所得割分減税可能額－令和6年度分個人住民税所得割額　　((2)＜0の場合は0)

なお、令和6年分所得税額及び令和6年度分個人住民税所得割額が確定した後、給付額に不足があることが判明した場合には、追加で給付する。

3. 実施主体

住民税課税市町村
（特別区を含む）

4. ①実施主体決定日／②事務処理基準日

①令和6年1月1日
②令和6年6月3日

5. 交付金

物価高騰対応重点支援地方創生臨時交付金
【給付金・定額減税一体支援枠】

6. 給付実務イメージ

※ 令和6年のできる限り早期の給付開始に向けて、事務負担も踏まえながら、地域の実情に応じた早期の執行着手等、地方公共団体における柔軟な対応を可能とする方向で調整中。

【不足額給付】

○ 給付の算定において「令和6年分推計所得税額」を活用するなど、実額による算定ではないことを踏まえ、令和6年分所得税及び定額減税の実績額等が確定したのち、調整給付額に不足が生じる場合には、追加で当該納税者に不足分の給付を行う。（不足額給付）
※調整給付に余剰が出る場合は調整を行わない。

＜不足額給付が生じる例＞	・こどもの誕生など扶養親族の増	（定額減税可能額の増＋所得税額の減）
	・令和6年推計所得（令和5年所得）＞令和6年所得（失業など）	（所得税額の減）

【実施主体決定】
賦課期日
課税団体判定　　　当初課税額判定　　　特別徴収税額決定
　　　　　　　　　　　　　　　　　普通徴収税額決定

住民税課税台帳　　　　　　　　　　　住民税課税台帳
所得税課税情報　　　　　　　　　　　所得税課税情報

R6.1.1　　　　　　　　　　　　　　　　　　　　　　R7.1.1　　　　　　　　　　不足額給付

調整給付対象者　　　　調整給付　　　不足額給付対象者
調整給付額の算出　　　　　　　　　　不足額給付額の算出

所得税

令和5年所得	令和6年所得	
R5所得税額	R6推計所得税額　R6所得税額	

推計が実額になることで差が生じる

住民税

令和5年所得

R6個人住民税所得割額
住民税は基本的に変更はない

Ⅲ　制度の概要《所得税の取扱いと地方税の取扱いとの連携等関係》

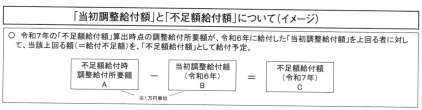

「当初調整給付額」と「不足額給付額」について（イメージ）

○　令和7年の「不足額給付額」算出時点の調整給付所要額が、令和6年に給付した「当初調整給付額」を上回る者に対して、当該上回る額（＝給付不足額）を、「不足額給付額」として給付予定。

不足額給付時 調整給付所要額 A	－	当初調整給付額 （令和6年） B	＝	不足額給付額 （令和7年） C

※1万円単位

【イメージ】

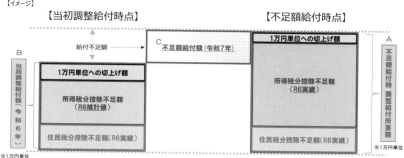

【当初調整給付時点】　　　　　　　　　　　　　　【不足額給付時点】

※　不足額給付時に算出した調整給付所要額（A）が当初調整給付額（B）を下回った場合にあっては、余剰額の返還は求めない。

税額の修正（給付類型に変更がない場合）

＜当初調整給付事務処理基準日以降の税額の変動への対応＞
○　事務処理基準日以降の税額修正等については、調整給付額への都度反映を不要とする。
　・令和6年推計所得税額（令和5年所得税額）の変動
　　➡令和6年推計所得税額は令和5年所得税による推計額であり、令和6年所得税額が判明した時点における不足額給付において当該額に置換されるため、令和5年所得税額に変動があったとしても対応しない。

　・令和6年度個人住民税所得割額の変動
　　➡事務の簡素・効率化の観点も踏まえ、事務処理基準日以降の税額の変動については都度調整給付額の変更を行うことはせず、一律、不足額給付時に対応することとする。

○　その際、過給付となった場合の返還は求めず、不足額が生じた場合に不足額給付を支給する。

○　ただし、地域の実情に応じて、都度、調整給付額の変更を行うこととしても差し支えない。

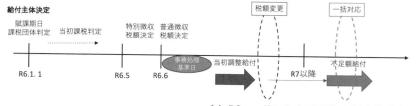

〔出典〕いずれも内閣府地方創生推進室HP

Ⅳ　源泉徴収事務担当者が知っておきたいＱ＆Ａ

Q1　申告減税と他の税額控除制度の適用関係

申告減税はどのように控除しますか。

A 申告減税は、配当控除の額と同様に、課税総所得金額に係る所得税額、課税山林所得金額に係る所得税額又は課税退職所得金額に係る所得税額から順次控除することとされています。

なお、当該控除をすべき金額がその年分の所得税額を超えるときは、当該控除をすべき金額は、当該所得税額に相当する金額となります（措法41条の3の3④～⑤）。

また、申告減税は、他の税額控除制度の適用後の額から行われることとされていますので、例えば住宅借入金等を有する場合の所得税額の特別控除の適用のある場合には、これを適用した後の額から行うこととなります（同条⑦）。

Q2　所得税に係る各定額減税制度間の取扱い

その年の支払いを受けるべき給与等が2,000万円を超え年末調整の対象外となる居住者や合計所得金額の見積額が1,805万円を超え申告減税の適用対象とならない居住者については、源泉徴収減税の適用はないのでしょうか。

A 法令上「給与特別控除額」、「令和6年分特別税額控除額」及び「予定

納税特別控除額」と用語を分けて定められているように、それぞれの適用対象となる要件はそれぞれの法令で規定されています。

　したがって、源泉徴収減税の適用対象については、法令上その年の支払いを受けるべき給与等が2,000万円を超える居住者及び合計所得金額が1,805万円を超え申告減税の適用対象とならない居住者を除くとする旨の規定はないことから、ご質問の者については、「源泉徴収減税」の適用条件にあてはまるのであれば、その適用はあると思われます。

Q3　給与等や公的年金等以外の収入に係る定額減税の適用について

退職所得や報酬等については定額減税制度の適用はないのでしょうか。

A　定額減税のうち支払を行う者が所得税を源泉徴収することとされる支払いを対象とするものについては、給与等及び公的年金等に係るものに限定されています。

　したがって、退職所得や報酬等に係る所得税については、定額減税の適用はありません。

　なお、退職所得や報酬等については、確定申告において定額減税の適用を受けることとなります。

Q4　源泉徴収定額減税と特定公的年金等減税の適用関係

　公的年金等の受給者（以下このQ＆Aにおいて「対象居住者」といいます。）の扶養親族等申告書に源泉控除対象配偶者として記載のある配偶者（以下このQ＆Aにおいて「対象配偶者」といいます。）自身の給与等又は公的年金

等に係る扶養親族等申告書に対象居住者を源泉控除対象配偶者として記載のある場合に源泉徴収減税はどのように取り扱われるのでしょうか。

A この場合、源泉徴収定額減税の適用にあたっては、対象居住者の提出した公的年金等の受給者の扶養親族等申告書に源泉控除対象配偶者の記載がないものとして取り扱われます。

　したがって、対象配偶者に給与等を支給する者は、対象居住者の年金特別控除の計算を確認する必要はないと思われます。

Q5　個人住民税の均等割に係る定額減税の適用について

個人住民税の均等割は定額減税の対象とされないのでしょうか。

A 法令上、個人住民税の定額減税は所得割を適用対象としていますので、所得割と法令上の根拠が異なる均等割は定額減税の対象とされません。

Q6　源泉徴収減税の適用対象となる給与等の範囲について

令和6年6月1日以後支払われる前年分の給与等は定額減税の対象となりますか。

A 法令上、定額減税の対象は、令和6年6月1日以後最初に支払いを受ける給与等とされており、支払を「受けるべき」ものとはなっていませんので、令和6年6月1日前に支払うべきものであっても現実の支払いが令和6年6月1日以後であれば対象とされることとなります。

　しかしながら、対象となる給与等はその年分の所得税の対象となるものに限られますので、前年分の給与等を令和6年6月1日以後に支払う

場合には、この給与等については定額減税の対象とはなりません（「令和6年分 所得税の定額減税Q&A」7－3）。

　また、令和7年分の所得税の対象となる給与等を令和6年中に支払う場合にも、その給与等については定額減税の対象とはされないこととなります。

　なお、例えば支払うべきことが確定していなかった過年分の給与等で、令和6年中に支払いが確定するようなものについては、その支払いが令和6年6月1日以後であれば、定額減税の対象となると思われます。

Q7　合計所得金額について（その1）

定額減税適用の判断基準となる合計所得金額には退職所得は含まれますか。

A 定額減税適用の判断基準となる合計所得金額とは、純損失又は雑損失の繰越控除、居住用財産の買換え等の場合の譲渡損失の繰越控除及び特定居住用財産の譲渡損失の繰越控除を適用しないで計算した総所得金額、上場株式等に係る配当所得等について、申告分離課税の適用を受けることとした場合のその配当所得等の金額（上場株式等に係る譲渡損失の損益通算の適用がある場合には、その適用後の金額及び上場株式等に係る譲渡損失の繰越控除の適用がある場合には、その適用前の金額）、土地・建物等の譲渡所得の金額（長期譲渡所得の金額（特別控除前）と短期譲渡所得の金額（特別控除前））、一般株式等に係る譲渡所得等の金額又は上場株式等に係る譲渡所得等の金額（上場株式等に係る譲渡損失の繰越控除又は特定中小会社が発行した株式に係る譲渡損失の繰越控除の適用がある場合には、その適用前の金額）、先物取引に係る雑所得等の金額（先物取引の差金等決済

に係る損失の繰越控除の適用がある場合には、その適用前の金額）、**退職所得金額**及び山林所得金額の合計額をいいます（所法2①三十）。

　したがって、定額減税の適用の判断基準となる合計所得金額には、退職所得金額が含まれることとなります。

　なお、退職所得金額は、受給者が、扶養控除等申告書や配偶者控除申告書などに配偶者や本人の合計所得金額を記載する際に、その記載がもれる場合が多いので、支給者は受給者に対して周知が必要な項目であると言えます。

　また、扶養控除等申告書の住民税に関する事項に記載される「所得の見積額」は、源泉徴収の対象とされた退職手当等に係る所得を除いたものですので、合計所得金額とは異なる金額となります。したがって、「所得の見積額」の記載のみによって減税申告書の提出があったものとみなすことは難しいのではないかと思われます。

　支払者は受給者に合計所得金額を確認し、確認した旨を補記するなどにより要件を満たす必要があると思われます。

Q8　合計所得金額について（その2）

　合計所得金額には、通勤手当や出張旅費として支給されるものも含まれますか。

A　合計所得金額には、所得税の課税対象とされないものは含まれません。

　したがって、通勤手当や出張旅費といった、所得税の課税対象とされないものについては、合計所得金額には含まれないこととなります。

　また、同様の理由により、雇用保険法に基づき非課税とされる失業等給付金や健康保険法に基づき非課税とされる出産育児一時金や出産手当

金なども合計所得金額には含まれません。

Q9　世帯主が申告減税の対象とならない場合の適格扶養親族等に係る定額減税の適用について

申告減税の適用対象外となる者の適格同一生計配偶者又は適格扶養親族に係る定額減税はどのように行われますか。

A　原則は、世帯ごとに行うことが予定されている制度ですが、世帯主がこの制度の対象外となる者である場合には、地方自治体で実施する調整給付で対応されるものと思われます。

Q10　支払者が受給者から令和6年6月1日前に減税申告書の提出を受けた場合の取扱いについて

減税申告書（「源泉徴収に係る定額減税のための申告書」及び「年末調整に係る定額減税のための申告書」）の提出を令和6年6月1日前に受けた場合、この提出は有効でしょうか。

A　措法附則第34条第4項の規定により、令和6年6月1日前にこれらの申告書の提出を受けた場合でも有効なものとして取り扱われます。

Q11　支払者側から減税申告書の提出を求めることの可否

減税申告書の提出がない場合、支払者は受給者に対して提出させる義務はあるのでしょうか。

A これら申告書の提出をするか又はしないかの選択は、受給者の任意であって、必ずしも支払者が提出を求める義務はありません。

しかしながら、一般に受給者は年末調整で納税関係を完結させる場合が多いことから、直接受給者に接する機会の多い源泉徴収義務者である支払者が、この制度の周知等の一つとして提出の必要性を説明することは、後日の争いのリスクを下げるという観点からも望ましいものと思われます。

Q12 減税申告書の税務署への提出期限

受給者から減税申告書の提出を受けた支払者が、これを税務署長に提出する期限はいつでしょうか。

A 減税申告書は、法令上受給者が支払者を経由して支払者の納税地を所轄する税務署長に提出する旨定められていますが（所法194①）、実際には給与の支払者が保管し、税務署から求められればこれを提示等することとなります。

したがって、法令上、支払者が税務署長に提出する期限は設けられていません。

Q13 源泉徴収減税の計算に誤りがあった場合の対応

支払者が、源泉徴収減税の額に誤りがあった旨の指摘を税務署から受けたときには、どのように是正するべきでしょうか。

A いわゆる、扶養是正と同様に取り扱われるものと思われます。具体的には、指摘された事項について支払者側で確認を行い、例えば給与等減税に誤りがあった場合で年末調整済みのものについては、年末調整に係

る税額の再計算を行い、増加することとなった額を本来行うべき各月等に配賦して納税していくことになると思われます。

Q14　源泉徴収減税の計算に誤りがあったことにより納付税額が過少となった場合に加算税等の対象とされるか否か

減税申告書に扶養控除等申告書に記載のある者が記載されていたため、源泉徴収減税の計算の基礎となる適格扶養親族等の人数を誤り源泉徴収減税の額が過大となった場合、その後に行われる追加での納付については、加算税及び延滞税の対象となるのでしょうか。

A　一般に扶養是正と呼ばれる理由により行われる追加の納付については、加算税及び延滞税の対象とはされていませんが、これは源泉徴収義務者である支払者の責めに帰すべき事由を原因とするものではないことによるものと思われます。

　したがって、例えば、住宅借入金等特別控除申告書の記載の誤りが原因である場合のように源泉徴収義務者が容易に誤りを発見確認できるような場合には、納税者の責めに帰すべき事由がないとは言えませんので、加算税及び延滞税の対象となります。

　そうすると、例えば、減税申告書において扶養控除等申告書にも記載のある適格扶養親族等を二重記載していたことにより減税の額が過大となったために生じる追加の納付のようなものについては、源泉徴収義務者が容易に確認できるものとされ、加算税及び延滞税の対象とされる可能性は高いと思われます。

Q15 復興特別所得税の取扱いについて

定額減税を適用するにあたり、復興特別所得税（「復興財確法」に基づき個人の所得に課される税をいいます。）はどのように取り扱われますか。

A 復興特別所得税は、毎月の給与等に係るものについては定額減税適用前の額、年末調整に係るものについては定額減税適用後の額、また確定申告に係るものについては定額減税適用後の額に基づき、それぞれ算定されます（復興財確法10、28②、30①二）。

〔給与等減税〕

$$(\underset{A}{\underline{\text{控除前税額}}} + \underset{A \times 0.021}{\underline{\text{復興特別所得税}}}) - \text{定額減税}（\geq 0）$$

〔年調減税〕

$$\underset{B}{\underline{(\text{控除前税額} - \text{定額減税}（\geq 0）)}} + \underset{B \times 0.021}{\underline{\text{復興特別所得税}}}$$

Q16 退職後に支払われる給与等に係る定額減税適用の可否について

扶養控除等申告書の提出を受けていた受給者が令和6年中に退職した場合に、その退職後に同年中の給与等として追加の支払い等を行ったときにその給与等については定額減税の対象となりますか。

A 退職の時点で扶養控除申告書等は失効するものと取り扱われていますので、原則として退職後に支払われる給与等については主たる給与等には該当しませんので定額減税の対象とはなりません。

　ただし、その退職した者が給与所得者の扶養控除等申告書を提出した者であって、かつ、その追加払等をする時において、その者が他の給与

等の支払者を経由して給与所得者の扶養控除等申告書を提出していない場合には、退職後も引き続いて効力を有するものとして取り扱われることとされていますので、この追加払給与等については定額減税の対象に含まれることとなります（所基通194・195－6）。

Q17　給与等減税申告書の提出がない場合の年少扶養親族の取扱いについて

扶養控除等申告書に記載のある16歳未満の扶養親族について給与等減税申告書の提出がない場合には、給与等減税の計算の対象に含めずに計算を行うこととなりますか。

A 扶養控除等申告書に地方税に関する事項として記載がされている扶養親族（いわゆる年少扶養親族）がある場合には、これらの者に係る給与等減税申告書の提出があったものとみなすこととされています（地方税法45条の3の2③、317条の3の2③）。

この場合には、支払者は給与等減税の額の算定に当たり、これらの者が適格扶養親族に該当するかを確認し該当する場合には、これらの者を含めて計算しなければなりません。

Q18　年調減税申告書の提出がない場合の年少扶養親族の取扱いについて

扶養控除等申告書に記載のある16歳未満の扶養親族について年調減税申告書の提出がない場合には、年調減税の計算の対象に含めずに計算を行うこととなりますか。

A 扶養控除等申告書に地方税に関する事項として記載がされているその扶養親族がある場合には、これらの者に係る年調減税申告書の提出があったものとみなすこととされています（地方税法45条の３の２③、317条の３の２③）。

　　この場合には、支払者は年調減税の額の算定に当たり、これらの者が適格扶養親族に該当するかを確認し該当する場合には、これらの者を含めて計算しなければなりません。

Q19　年の中途で居住者となった者の合計所得金額の範囲について

　海外支店に勤務していた社員が国内の本社に転勤となったことにより帰国し居住者となりました。この場合、定額減税の対象となるか否かの判断で用いられる合計所得金額には、帰国前の非居住者の期間の給与等も含まれますか。

A ①定額減税の適用の可否に用いられる合計所得金額は、令和６年分の居住者のものとされていること、②年において居住者や非居住者などの区分で複数のものに該当した場合には、それぞれの区分に該当した期間に応じてそれぞれ所得税を課すこととされていること（所法８）、また③年の中途で非居住者となった場合の年末調整は出国時において行うこととされているため、その時に用いられる合計所得金額には非居住者期間に対応する部分は含まれないこと（所基通190－１）などを踏まえれば、定額減税の対象となるか否かの判断で用いられる合計所得金額には、帰国前の非居住者の期間の給与等は含まれないものとして取り扱うのが相当と思われます。

Q20　海外留学中の扶養親族がいる場合の取扱いについて

扶養親族の中に海外留学中の子がいる場合には、非居住者に該当すると　して適格扶養親族には該当しないと判断されるのですか。

A　適格扶養親族に該当するための要件として、その扶養親族が居住者に　該当する者であることとされています。

　ここでいう居住者とは、国内に住所を有し又は現在まで引き続いて１　年以上居所を有する個人をいいますので（所法２①三）、例えば半年程度　の短期での留学の場合には、単に海外に留学しているという理由のみに　よって居住者に該当しないと判断されることはありません。

Q21　令和６年６月１日以降に扶養控除等申告書の提出先を変更した場合

給与所得者の扶養控除等申告書の提出先を令和６年６月１日以降変更し　た場合はどのように取り扱われるのでしょうか。

A　法令上、給与等減税は、令和６年６月１日の時点でこの扶養控除等申　告書を提出した先の給与等支払者から支給を受ける主たる給与等につい　て適用されることから、同日以降提出先が変更された場合には、上記の　変更前の支払者からの支払いのうち変更後に受ける給与等は主たる給与　等には該当せず、また、この後提出を受けた支払者については、令和６　年６月１日時点では提出を受けていませんので、いずれも適用がないこ　ととなります。この場合には、年末調整又は確定申告で精算されること　となると思われます。

Q22　中途で退職した者に係る定額減税の取扱いについて

令和6年の中途で退職した者の所得税に係る定額減税はどのように適用されるのでしょうか。

A 令和6年6月1日前に退職した者については、所得税基本通達190－1《中途退職者等について年末調整を行う場合》の適用を受けるものを除いて、年末調整を行うことはできませんので、確定申告において申告減税の適用を受けることとなります。この場合、源泉徴収票には年末調整未済である旨忘れずに記載するようにしてください。

① **令和6年6月1日以後に退職した者で令和6年6月1日前に他の支払者に扶養控除等申告書を提出していた者**

② **支払者に扶養控除等申告書を提出していた者**

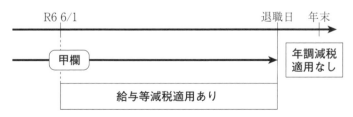

Q23　年の中途で出国（入国）した者の取扱いについて

年の中途で出国（入国）したことにより非居住者（居住者）となる場合に、出国（入国）日は非居住者又は居住者のいずれとして取り扱われますか。

Ａ　出国（入国）日における取扱いについては、公式に公表されたものはありませんので、それぞれ個々の実情に合わせて判断すべきこととなります。

　しかしながら、このように個々に判断することは煩雑で会社にとって非常に困難な場合もありえます。そのような事情を踏まえれば、支払者において統一的な取扱いを定めてこれを継続的に行うことを前提に画一的に判断していくことも一定の合理性を有するものとして認められるものと思われます。

Q24　定額減税の適用を受給者と配偶者本人の両方で受けた場合の取扱いについて

受給者が同一生計配偶者に該当する者を含めて定額減税の適用を受けた場合で、この配偶者自身も確定申告などにより定額減税の適用を受けた場合にはどのように取り扱われますか。

Ａ　所得税に係る定額減税については、受給者か配偶者のいずれかで定額減税を受けることとされていますので、受給者でその事実を把握した場合には、いずれで定額減税の適用を受けるのか当事者同士で決めてもらい、その結果に基づいて手続きを進めていくこととなります。

　なお、個人住民税に係る定額減税については、原則として、是正を求められることはないと思われますが、地方自治体の裁量に委ねられてい

る部分であり、地方自治体により取扱いが異なる可能性があります。

Q25 年末調整や確定申告において定額減税の対象としなかった適格扶養親族等がいる場合の取扱いについて

扶養控除等申告書、配偶者控除等申告書及び減税申告書に記載のない適格同一生計配偶者及び適格扶養親族がいる場合、また確定申告において適格同一生計配偶者及び適格扶養親族について定額減税の適用を受けていない給与等受給者がいる場合には、調整給付が支給されますか。

A 給与等支払者は、給与等減税及び年調減税の計算に当たり、給与等受給者から提出を受けた扶養控除等申告書、配偶者控除等申告書及び減税申告書にそれぞれ記載のある適格同一生計配偶者又は適格扶養親族に限って各種定額減税の算定の基礎に含めてこれを計算することができますが、受給者の行う所得税の確定申告においては、この申告書への記載の有無にかかわらず申告減税の対象とされます。

したがって、所得税の確定申告を行う者については、適格同一生計配偶者又は適格扶養親族について定額減税の計算の際にこれらの者を含めないで行ったことを原因として定額減税に不足が生じたとしても調整給付が支給されることはないものと思われます。

このような場合には、受給者本人からこの者の納税地を所轄する税務署長に対して更正の請求を行うか、税務署長が上述の原因により定額減税に不足が生じていることを把握した場合には職権により更正が行われるものと思われます。

なお、支払者は受給者に対して、源泉徴収減税などの適用対象に含めていない適格同一生計配偶者又は適格扶養親族がいる場合には、所得税

の確定申告により精算するように周知を行うことは、受給者との後々の
トラブルとなるリスクを下げることに役立つものと思われます。

Q26　別々の者が同一の者を適格扶養親族としていた場合の判定

　別々の者が、それぞれ同一の者を適格扶養親族として扶養控除等申告書
や減税申告書などに記載していた場合には、どのように取り扱われるので
しょうか。

A　一方の者で源泉徴収減税の額の算定の基礎となる適格扶養親族に含ま
れた扶養親族等については、他方の者で適格扶養親族に含めることはで
きません（措令26条の4の3）。

　この場合、原則として、両者いずれの者の適格扶養親族に含めるかを
当事者間で決めてもらう必要があります。

　なお、当事者間で決まらない場合には、対象となる扶養親族の記載の
ある扶養控除等申告書や減税申告書の提出が早い者の適格扶養親族とし
て、また、上記で決められない場合には、これらの者のうち総所得金額、
退職所得金額及び山林所得金額の（見積）合計額が最も大きい者の適格
扶養親族とされます。

　しかしながら、上記のような判断をすることは支払者にとって過重な
負担を強いるものであると考えられますので、このような場合には、支
払者においてはこの扶養親族等を算定の基礎に含めずに源泉徴収減税の
計算を行い、各人で確定申告してもらう方法も一つの方法であると思わ
れます。

Q27 租税条約の適用を受ける支払 (事業修習生、留学生等)

当社でのアルバイトの外国人留学生に支払う給与等については定額減税の対象となりますか。

A 定額減税の適用対象者は、居住者に限定されているところ、この居住者には非永住者も含まれます。したがって、扶養控除等申告書等を提出している者に対して給与等の支払を行う場合については、源泉徴収すべき所得税の額は定額減税適用後の額となります。

なお、この外国人留学生が租税条約の届出書を支払者を経由して支払者の納税地を所轄する税務署長に対して提出している場合で、これにより免税の適用を受けているときは、そもそも所得税額はありませんので給与等減税の適用はないこととなり、この場合は、調整給付により対応することになると思われます。

また、給与等の支払時において租税条約の届出書の提出を行わず租税条約に係る免除の適用を受けない場合において、還付請求によりその適用を受ける者については、原則通り給与の支給時に徴収する所得税について定額減税の対象とし、年末調整の対象となる場合には、同様に定額減税の対象として所得税の計算を行ったところで源泉徴収票を本人に交付することとなります（租税条約等の実施に伴う特例等に関する省令2①⑧⑨）。

（注） 地方税についても地方自治体に対して一定の手続きを行うことにより免除の適用を受けている場合には、国税と同様に定額減税の適用はありません。

Q28　個人住民税に係る定額減税制度の適用対象とならない者の取扱い

令和6年度分の給与所得に係る特別徴収について、定額減税適用前において個人住民税（所得割）の金額のない者も令和6年6月の特別徴収は行われないのでしょうか。

Ⓐ　定額減税適用前において個人住民税（所得割）の金額のない者については通常どおり令和6年6月から行われることとなると思われます（地方税法附則5条の10）。

Q29　令和7年度分の給与等に係る特別徴収の取扱い

令和7年度分の給与等に係る特別徴収についても令和7年7月から行われるのでしょうか。

Ⓐ　令和7年度分については、定額減税の適用対象となるものについても例年と同様に令和7年6月から行われることとなります。

Q30　住民登録のない場所に住所がある場合の取扱いについて

実際に住んでいる場所と住民登録がされている場所とが異なる場合には、住民登録がされている場所を管轄する税務署や市区町村で定額減税に係る手続きが行われるのですか。

Ⓐ　実際に住んでいる場所が住民登録されている場所と異なる場合には、実際に住んでいる場所を基準に定額減税に係る手続きが行われることとなります。

したがって、実際に住んでいる場所を管轄する税務署や市区町村で定額減税に係る手続きが行われることとなります。

　なお、実際に住んでいる場所を管轄する税務署などで、その事実を独自に確認することは困難であると思われますので、支給者は、受給者に対して該当する税務署や市区町村に相談するように周知した方が良いでしょう。

ポイント解説

> ## 給与等支払者が源泉徴収減税に係る事務を行うに当たり確認すべき主な事項及び確認方法について

1　給与等の支給時において確認すべき事項等

> ①　支給（すべき）時において受給者は居住者に該当しているか。

　給与等受給者から提出を受けた扶養控除等申告書の「あなたの住所又は居所」欄に記載の住所等から変更され、非居住者となっていないかを確認します。

　なお、非居住者となった時点で年末調整又は準確定申告により定額減税に係る精算は終了しており、以後支給される給与等は給与等減税の適用対象外となります。

☞扶養控除等申告書「あなたの住所又は居所」欄及び会社で保有する情報で確認

ポイント

〔令和6年分　給与所得者の扶養控除等（異動）申告書〕

あなたの住所又は居所	（郵便番号○○○－△△△△） □□□×××××1－2－3

国外の住所が記載されていないか。

②-1　扶養控除等申告書の提出先に変更はないか（甲欄適用者か）。

　当初、扶養控除等申告書の提出を受けて主たる給与等に該当することにより税額表甲欄の適用を受けていた場合でも、給与等受給者であった者から令和6年6月1日時点で扶養控除等申告書の提出先を変更（取り下げ）していたときには、扶養控除等申告書に適格同一生計配偶者及び適格扶養親族に該当する者の記載があっても、これらの者を源泉徴収に係る定額減税の計算の基礎に含めることはできません。

✎扶養控除等申告書に異動事項の記載があるかどうかを確認

②-2　扶養控除等申告書に記載された源泉控除対象配偶者及び控除対象扶養親族は定額減税の計算の基礎とされるための要件を満たしているか。

　源泉徴収に係る定額減税の対象は、源泉控除対象配偶者又は控除対象扶養親族のうち適格同一生計配偶者及び適格扶養親族に該当する者に限られます。

✎扶養控除等申告書「源泉控除対象配偶者」の「令和6年中の所得見積額」欄及び「非居住者である親族」欄の記載内容、「控除対象扶養親族」の「令和6年中の所得見積額」欄及び「非居住者である親族」欄の記載内容から確認

ポイント

〔令和6年分　給与所得者の扶養控除等（異動）申告書〕

区　分　等		（フ 氏	老人扶養親族 (昭30.1.1以前生) 特定扶養親族 平14.1.2生〜平18.1.1生)	令和6年中の 所得の見積額	非居住者である親族 生計を一にする事実 (該当する場合は○印を付けてください。)
A	源泉控除 対象配偶者 （注1）			円	
B	控除対象 扶養親族 （16歳以上） （平21.1.1以前生）	1	□ 同居老親等 □ その他 □ 特定扶養親族	円	□ 16歳以上30歳未満又は70歳以上 □ 留学 □ 障害者 □ 38万円以上の支払
		2	□ 同居老親等 □ その他 □ 特定扶養親族	円	□ 16歳以上30歳未満又は70歳以上 □ 留学 □ 障害者 □ 38万円以上の支払
		3	□ 同居老親等 □ その他 □ 特定扶養親族	円	□ 16歳以上30歳未満又は70歳以上 □ 留学 □ 障害者 □ 38万円以上の支払
		4	□ 同居老親等 □ その他 □ 特定扶養親族	円	□ 16歳以上30歳未満又は70歳以上 □ 留学 □ 障害者 □ 38万円以上の支払

主たる給与から控除を受ける

この金額が48万円を超える場合には、適格同一生計配偶者又は適格扶養親族に該当しません。

ここに記載がある場合には、居住者に該当しません。

③ 扶養控除等申告書の住民税に関する事項欄に16歳未満の扶養親族の記載はあるか。

　16歳未満の扶養親族（いわゆる年少扶養親族）は給与等に係る源泉徴収の対象となる所得税の算定の基礎とはされませんが、居住者に該当する者であって年間の（見積）合計所得金額が48万円以下の者については、<u>扶養控除等申告書に記載することにより、減税申告書の提出がされたものとみなされますので、これらの者の（見積）合計所得金額が48万円以下である場合には</u>、源泉徴収減税の額の計算においてこれらの者を算定の基礎に含めることとなります（措法41条の3の7⑪⑫、同法41条の3の8⑦⑧、措規18条の23の5①、同規18条の23の6①）。

☜扶養控除等扶養申告書の住民税に関する事項中「16歳未満の扶養親族」の「控除対象外国外扶養親族」欄を確認し、さらにこれらの者の退職所得の金額を控除する前の合計（見積）所得金額を確認した旨を補記する。

ポイント

〔令和6年分　給与所得者の扶養控除等（異動）申告書〕
（地方税に関する事項欄）

④　給与等減税のための申告書の提出を受けているか。

　源泉徴収減税のための申告書が受給者から支払者に対して提出された場合には、この申告書に記載された①源泉控除対象配偶者に該当しない適格同一生計配偶者、②控除対象扶養親族に該当しない適格扶養親族、③源泉控除対象配偶者に該当するが扶養控除等申告書に記載のない適格同一生計配偶者、④控除対象扶養親族に該当するが扶養控除等申告書に記載のない適格扶養親族、⑤年少扶養親族に該当するが扶養控除等申告書に記載のない又は所要の要件を満たしていない記載のある適格扶養親族ついても、源泉徴収に係る定額減税の算定の基礎に含め計算を行うこととなります。

　したがって、源泉徴収に係る定額減税のための申告書の提出を受けた支払者がこの申告書の提出を考慮することなく源泉徴収に係る定額減税の額の算定を行うことはできません。

☞減税申告書の提出があった場合には、その旨を記録するなど適宜の方法で提出の有無を事後容易に確認することができるような配慮が必要と思われます。

　なお、国税庁で公表している源泉徴収に係る定額減税のための申告書は、以降で記載の年末調整に係る定額減税のための申告書と一体となった様式となっています（55ページ参照）。

令和6年分 源泉徴収に係る定額減税のための申告書 兼 年末調整に係る定額減税のための申告書

所轄税務署長	給与の支払者の名称（氏名）		（フリガナ）あなたの氏名		記載のしかたはこちら
	給与の支払者の法人番号	※この申告書の提出を受けた給与の支払者が記載してください。			二次元コード
税務署長	給与の支払者の所在地（住所）		あなたの住所又は居所		

~記載に当たってのご注意~

◎ この申告書は、同一生計配偶者や扶養親族につき定額減税額を加算して控除を受けようとする場合に提出するものです。ただし、「給与所得者の扶養控除等（異動）申告書」（住民税に関する事項を含みます。以下同じです。）に記載した源泉控除対象配偶者や扶養親族及び「給与所得者の配偶者控除等申告書」に記載した控除対象配偶者については、この申告書への記載は不要です。

◎ この申告書は、あなたが「給与所得者の扶養控除等（異動）申告書」を提出した給与の支払者にしか提出することはできません。

□ **【源泉徴収に係る申告書として使用】**・・・令和6年6月1日以後最初に支払を受ける給与（賞与を含みます。）の支払日までに、この申告書を給与の支払者に提出してください。
令和6年6月1日以後最初に支払を受ける給与（賞与を含みます。）の源泉徴収から、以下に記載した者について定額減税額を加算して控除を受けます。
※ 「給与所得者の扶養控除等（異動）申告書」に記載した源泉控除対象配偶者又は16歳未満の扶養親族については、既に定額減税の加算の対象に含まれていますので、この申告書に記載して提出する必要はありません。
※ この申告書に同一生計配偶者又は扶養親族を記載して提出した場合であっても、年末調整において定額減税額を加算して控除を受ける際には、同一生計配偶者については、「給与所得者の配偶者控除等申告書 兼 年末調整に係る定額減税のための申告書」に記載し、扶養親族については、「年末調整に係る定額減税のための申告書」に記載して提出する必要があります。

□ **【年末調整に係る申告書として使用】**・・・年末調整を行うときまでに、この申告書を給与の支払者に提出してください。
年末調整において、以下に記載した者について定額減税額を加算して控除を受けます。
※ 「給与所得者の扶養控除等（異動）申告書」に記載した控除対象扶養親族又は16歳未満の扶養親族については、既に定額減税の加算の対象に含まれていますので、この申告書に記載して提出する必要はありません。
※ 「給与所得者の扶養控除等（異動）申告書」又は「源泉徴収に係る定額減税のための申告書」に配偶者の氏名等を記載して提出した場合であっても、年末調整の際には、同一生計配偶者の氏名等を記載した申告書を提出する必要があります。その場合、「給与所得者の配偶者控除等申告書 兼 年末調整に係る定額減税のための申告書（兼用様式）」を使用して提出してください。
※ 「源泉徴収に係る定額減税のための申告書」に扶養親族を記載して提出した場合であっても、「給与所得者の扶養控除等（異動）申告書」に記載していない扶養親族については、この申告書の「扶養親族の氏名等」に記載してください。

（注）使用する目的に応じて、いずれかの□にチェックを付けてください。

○ 同一生計配偶者の氏名等
　※ 記載しようとする配偶者の本年中の合計所得金額の見積額が48万円を超える場合には、控除を受けることはできません。

（フリガナ）氏名	個人番号	生年月日	配偶者の住所又は居所	居住者に該当	本年中の合計所得金額の見積額
		明・昭・・大・平		□	

○ 扶養親族の氏名等
　※ 記載しようとする親族の本年中の合計所得金額の見積額が48万円を超える場合には、控除を受けることはできません。

	（フリガナ）氏名	個人番号	続柄	生年月日	扶養親族の住所又は居所	居住者に該当	本年中の合計所得金額の見積額
1				平・・令		□	
				大・明・昭・令			
2				平・・令		□	
				大・明・昭・令			
3				平・・令		□	
				明・昭・令			

いずれか又は両方にチェックが入っているか。

「居住者に該当」欄にチェックが入っているか。

（見積）合計所得金額は48万円以下となっているか。

⑤　②及び③に記載の源泉控除対象配偶者及び扶養親族のうち適格扶養親族等に該当する者と減税申告書に記載の適格扶養親族等に重複はないか。

　扶養控除等申告書に記載の源泉控除対象配偶者若しくは控除対象扶養親族又は年少扶養親族のうち適格扶養親族等に該当する者については、改めて減税申告書に記載して提出する必要はないため、このような記載がある場合には、支払者が定額減税に係る事務を行うなかで、対象者を二重に数えるなどの誤りが生じやすくなります。

　そこで、支払者が受給者から提出を受けたこれら申告書間で重複して記載されたものがないかを確認する必要があります。

☞受給者から提出を受けた扶養控除等申告書、配偶者控除等申告書と減税申告書で確認

⑥　②〜④の各申告書に記載の源泉控除対象配偶者、同一生計配偶者及び扶養親族は源泉徴収減税の算定の基礎となる者の要件を備えているか。

　上記⑤で重複がないことを確認するとともに、扶養控除等申告書、配偶者控除等申告書又は定額減税のための申告書に記載の者が適格扶養親族等の要件を備えているかをこれら申告書の記載内容から判断します。なお、記載に不足がある場合には、支払者は受給者に対して確認を求めるなど所要の措置を講じることとなります。

☞受給者から提出を受けた扶養控除等申告書、配偶者控除等申告書又は減税申告書で確認し、訂正補記等が必要であれば受給者に対してこれらの作業を求めるか、本人の同意を得て担当者がこれを行うなどの方法が考えられます。

令和6年分 源泉徴収に係る定額減税のための申告書 兼 年末調整に係る定額減税のための申告書

所轄税務署長	給与の支払者の 名称（氏名）	※この申告書の提出を受けた給与の支払者が記載してください。この欄には、記載しないでください。		（フリガナ） あなたの氏名			記載のしかたはこちら
	給与の支払者の 法人（番号）						二次元 コード
税務署長	給与の支払者の 所在地（住所）			あなたの住所 又は居所			

~記載に当たってのご注意~

◎ この申告書は、同一生計配偶者や扶養親族につき定額減税額を加算して控除を受けようとする場合に提出するものです。ただし、「給与所得者の扶養控除等（異動）申告書」（住民税に関する事項を含みます。以下同じです。）に記載した源泉控除対象配偶者及び「給与所得者の配偶者控除等申告書」に記載した控除対象配偶者については、この申告書への記載は不要です。

◎ この申告書は、あなたが「給与所得者の扶養控除等（異動）申告書」を提出した給与の支払者にしか提出することはできません。

☐	**【源泉徴収に係る申告書として使用】**・・・令和6年6月1日以後最初に支払を受ける給与（賞与を含みます。）の源泉徴収から、以下に記載した者について定額減税額を加算して控除を受けます。 ※ 「給与所得者の扶養控除等（異動）申告書」に記載した源泉控除対象配偶者、控除対象扶養親族又は16歳未満の扶養親族については、既に定額減税額の加算の対象に含まれていますので、この申告書に記載して提出する必要はありません。 ※ この申告書に同一生計配偶者又は扶養親族を記載した場合であっても、年末調整において定額減税額を加算して控除を受ける際には、同一生計配偶者については「給与所得者の配偶者控除等申告書 兼 年末調整に係る定額減税のための申告書」に記載して提出する必要があります。
☐	**年末調整に係る申告書として使用**・・・年末調整を行うときまでに、この申告書を給与の支払者に提出してください。 **年末調整において、以下に記載した者について定額減税額を加算して控除を受けます。** ※ 「給与所得者の扶養控除等（異動）申告書」に記載した源泉控除対象配偶者、控除対象扶養親族又は16歳未満の扶養親族については、既に定額減税額の加算の対象に含まれていますので、この申告書に記載して提出する必要はありません。 ※ 「給与所得者の扶養控除等（異動）申告書」又は・・・定額減税のための申告書に配偶者の氏名等を記載して提出した場合であっても、年末調整の際には、同一生計配偶者の氏名等を記載した申告書を提出する必要があります。この場合、「給与所得者の配偶者控除等申告書を提出する人は、年末調整の際への記載は不要となりますので、「給与所得者の配偶者控除等申告書 兼 年末調整に係る定額減税のための申告書」（兼用様式）を使用して提出してください。 ※ 「源泉徴収に係る定額減税のための申告書」を提出した場合であっても、「給与所得者の扶養控除等（異動）申告書」に記載していない扶養親族については、この申告書の「扶養親族の氏名等」に記載してください。

（注） 使用する目的に応じて、いずれかの☐にチェックを付けてください。

○ 同一生計配偶者の氏名等
※ 記載しようとする配偶者の本年中の合計所得金額の見積が□□万円を超える場合には、控除を受けることはできません。

（フリガナ） 氏名	個人番号	生年月日	配偶者の住所又は居所	居住者に該当	本年中の合計所得金額の見積額
		明・昭 ・ ・ 大・平			

○ 扶養親族の氏名等
※ 記載しようとする親族の本年中の合計所得金額の見積額が48万円を超える場合には、控除を受けることはできません。

	（フリガナ） 氏名	個人番号	続柄	生年月日	扶養親族の住所又は居所	居住者に該当	本年中の合計所得金額の見積額
1				明・大・昭 平・令 ・ ・		☐	
2				明・大・昭 平・令 ・ ・		☐	
3				明・大・昭 平・令 ・ ・		☐	

扶養控除等申告書及び配偶者控除等申告書に記載の者と重複となっていないか。

「居住者に該当」欄にチェックが入っているか。

（見積）合計所得金額は48万円以下となっているか。

いずれか又は両方にチェックが入っているか。

⑦　①〜⑥に基づき定額減税額を算定する（扶養親族等≠定額減税の額の算定基礎となる適格扶養親族等の人数）。

　例えば、源泉徴収税額を算定する基礎となる配偶者は、源泉控除対象配偶者とされる一方、定額減税の対象とされるのは源泉控除対象配偶者のうちの一部であるように、その基礎とされる者が異なる場合がありますので、支払者は誤ることのないよう注意してください。

🖎扶養控除等申告書に確認済みであるなどの記載等をする方法が考えられます。

【源泉控除対象配偶者と同一生計配偶者の関係イメージ】

　下図の太線の枠で囲まれた部分（B・C・D）が源泉徴収減税の対象となる生計を一にする配偶者の範囲です。

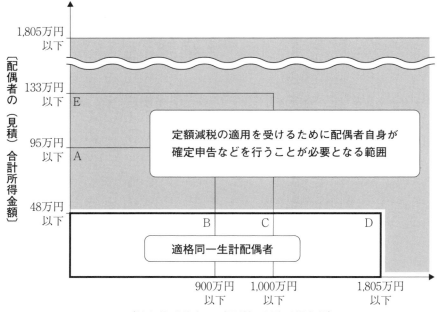

〔給与等受給者の（見積）合計所得金額〕

1　源泉控除対象配偶者の範囲…A＋B
2　年末調整の際の控除対象配偶者の範囲…B＋C
3　配偶者特別控除の対象となる者の範囲…A＋E
4　給与等減税申告書の提出が<u>ない</u>場合の給与等減税の額の計算基礎となる生計を一にする配偶者の範囲（ただし居住者に限ります。）…B
5　年調減税申告書の提出が<u>ない</u>場合の年調減税の額の計算基礎となる生計を一にする配偶者の範囲…B＋C
6　減税申告書の提出が<u>ある</u>場合の控除額計算の基礎となる生計を一にする配偶者の範囲（ただし居住者に限ります。）…B＋C＋D
7　確定申告において令和6年分特別税額控除額の計算の基礎となる配偶者の範囲（ただし居住者に限ります。）…B＋C＋D
8　定額減税の適用を受けるために配偶者自身が確定申告などを行うことが必要となる生計を一にする配偶者の範囲（ただし居住者に限ります。）…網かけ部分

---

⑧　給与等減税の対象となる税額は適用前の税額に復興特別所得税を加算した金額となっているか。

　給与等減税は、次に掲載の計算式のとおり年調減税とは異なり、いったん給与等減税を考慮せずに、源泉徴収税額表（甲欄）に基づいて算出した額を基礎として復興特別所得税を計算します。

　したがって、源泉徴収定額減税は所得税に復興特別所得税を加算した金額が控除の限度額となります。

イ　給与等減税

（控除前税額　＋　復興特別所得税）　−　給与等減税（≧０）
　　　　A　　　　　　　　A×0.021

ロ　年調減税

（控除前税額−年調減税（≧０））　＋　復興特別所得税
　　　　　　B　　　　　　　　　　　　　B×0.021

☞**各人別の源泉徴収簿で確認**

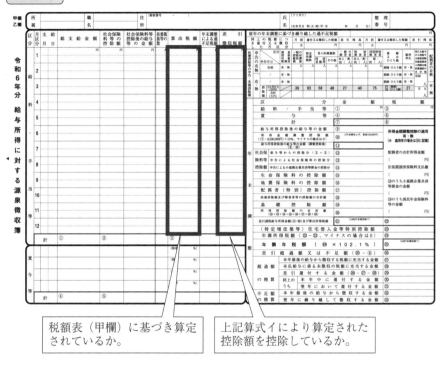

税額表（甲欄）に基づき算定されているか。

上記算式イにより算定された控除額を控除しているか。

⑨　第一回目控除未済給与等特別控除額が生じる場合、その月の納付税額から差し引いていないか。

　給与等減税の控除は、第一回目控除適用給与等に係る控除前の税額に復興特別所得税を加算した金額を限度として控除する（「差引く」ではありません。）こととされています。また、控除しきれない額（第一回目控除未済給与等特別控除額）が生じた場合には、これを第二回目以降控除適用給与等に係る所得税額（復興特別所得税額を含みます。以下この⑨において同様。）から順次控除することとされています。

　したがって、支給者がその他の者を含んだ各月の源泉徴収税額の納付税額
（合計額）を算出する際は、第一回目控除未済給与等特別控除額を差し引いた
額を納付税額とすることはできません。

イ　第一回目控除未済給与等特別控除額が生じない場合

　　その者のその月の所得税額　＝　控除前の税額　－　給与等減税

ロ　第一回目控除未済給与等特別控除額が生じる場合

　　その者のその月の所得税額　＝　０

☞**各人別の源泉徴収簿及び各月の納付税額の集計表などから確認**

> ⑩　第二回目以降、控除適用給与等の対象としてその年の最後に支給する
> 　給与等を含めていないか。

　支払者は、第一回目控除未済給与等特別控除額を令和６年の最後に支給する
給与等の直前に支給する給与においても引ききれない額が生じる場合には、年
調減税において調整することとなります。

　なお、年調減税の適用を受けない受給者は、自身で確定申告を行うことによ
り精算することとなります。

☞**各人別の源泉徴収簿を確認**

2 年末調整事務を行うときにおいて確認すべき事項等

> ① 受給者は、その年の12月31日に居住者に該当すると見込まれる者であるか。

上記１の①（39ページ参照）に準じて確認します。

> ②－１ 扶養控除等申告書の提出先に変更はないか（甲欄適用者か）、ない場合でもその記載内容に変更はないか。

上記１の②－１（40ページ参照）に準じて確認します。

> ②－２ 配偶者控除等申告書に記載された同一生計配偶者及び扶養控除等申告書に記載された控除対象扶養親族は年調減税の計算の基礎とされるための要件を満たしているか。

年調減税の対象は、年調減税申告書の提出のない場合には、配偶者控除等申告書及び扶養控除等申告書に記載された同一生計配偶者又は控除対象扶養親族のうち適格扶養親族等に該当する者に限られます。

☞給与所得者の配偶者控除等申告書の「配偶者の本年中の合計所得金額の見積額」欄及び「非居住者である配偶者」欄の記載内容、及び扶養控除等申告書の「控除対象扶養親族」の「令和６年中の所得見積額」欄及び「非居住者である親族」欄の記載内容から確認

ポイント

〔令和６年分　給与所得者の基礎控除申告書兼給与所得者の配偶者控除等申告書兼年末調整に係る定額減税のための申告書兼所得金額調整控除申告書〕（一部抜粋）

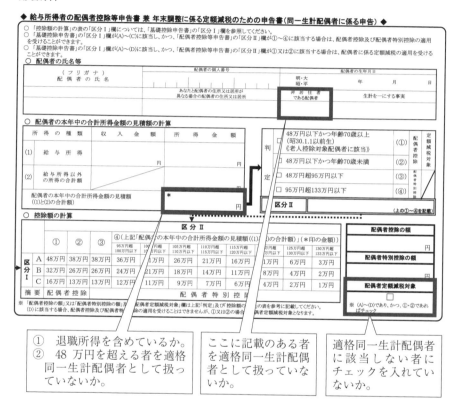

◆　給与所得者の配偶者控除等申告書 兼 年末調整に係る定額減税のための申告書（同一生計配偶者に係る申告）　◆

① 退職所得を含めているか。
② 48万円を超える者を適格同一生計配偶者として扱っていないか。

ここに記載のある者を適格同一生計配偶者として扱っていないか。

適格同一生計配偶者に該当しない者にチェックを入れていないか。

ポイント

〔令和6年分　給与所得者の扶養控除等（異動）申告書〕

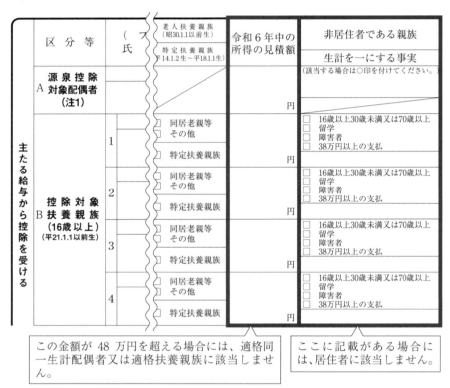

この金額が 48 万円を超える場合には、適格同一生計配偶者又は適格扶養親族に該当しません。

ここに記載がある場合には、居住者に該当しません。

③　扶養控除等申告書の住民税に関する事項欄に16歳未満の扶養親族の記載はあるか。

上記1の②-1（40ページ参照）に準じて確認します。

> ④　年調減税のための申告書の提出を受けているか。

上記1の④（43ページ参照）に準じて確認します。

なお、国税庁が公表している「年末調整に係る定額減税のための申告書」は、「源泉徴収に係る定額減税のための申告書」と一体となった様式と、「令和6年分　給与所得者の基礎控除申告書兼給与所得者の配偶者控除等申告書兼年末調整に係る定額減税のための申告書兼所得金額調整控除申告書」と題する一体となった様式があります。

> ⑤　②及び③に記載の適格扶養親族等と年調減税のための申告書に記載の適格扶養親族等に重複はないか。

上記1の⑤（45ページ参照）に準じて確認します。

> ⑥　②～④に記載の源泉控除対象配偶者、同一生計配偶者及び扶養親族に記載の者は年調減税の額の算定の基礎となる者の要件を備えているか。

上記1の⑥（45ページ参照）に準じて確認します。

> ⑦　上記2の①～⑥に基づき年調減税の額を算定する。

年調減税の算定の基礎とされる対象者は源泉徴収減税の者とは異なる点に注意して計算を行ってください（9、48ページ参照）。

⑧　年調減税の額を控除前税額から控除しているか。

　年調減税は、給与等減税とは異なり、次に記載の計算式ロにより算定されます。この点、誤りのないように注意してください。

> **イ　給与等減税**
>
> （控除前税額　＋　復興特別所得税）　−　給与等減税（≧０）
> 　　　　A　　　　　　　　　　A×0.021
>
> **ロ　年調減税**
>
> （控除前税額−年調減税（≧０））　＋　復興特別所得税
> 　　　　　　B　　　　　　　　　　　　　B×0.021

⑨　上記⑧で年調減税の額とされる金額のうち控除しきれないものが生じた場合、年調年税額をマイナスとしていないか。

　年調減税の額は、控除の対象となる年調所得税額を限度とします（年調所得税額を超える控除不足となる金額については、調整給付の対象となります。）。

　したがって、支払者は納付税額を計算する際に、控除不足となる金額を差し引くことのないように注意してください。

⑩　年調年税額に復興特別所得税を加算しているか。

　上記⑧に記載の計算式ロのとおり、年調減税は復興特別所得税の額をその対象とすることはできませんので注意してください。

3　令和6年分の源泉徴収票及び令和7年度分の給与支払報告書の作成において確認すべき事項

　地方自治体では、令和6年分の給与所得の源泉徴収票（令和7年度分の給与支払報告書（個人別明細書））に記載の事項を、調整給付を行うにあたり必要な情報として利用します（地方税法317条の6）。

　したがって、円滑に受給者に対する調整給付が行われるように、給与等支払者では記載もれのないように注意する必要があります。

令和　　年分　　給与所得の源泉徴収票

支払を受ける者	住所又は居所			

（受給者番号）
（個人番号）☐☐☐☐☐☐☐☐☐☐☐☐
（役職名）
氏名（フリガナ）

種　　別	支　払　金　額	給与所得控除後の金額 （調整控除後）	所得控除の額の合計額	源泉徴収税額
	内　　　　千　　　円	千　　　円	千　　　円	内　　　　千　　　円

（源泉）控除対象配偶者 の有無等	配偶者（特別） 控除の額	控除対象扶養親族の数			16歳未満 扶養親族 の数	障害者の数 （本人を除く。）		非居住者 である 親族の数
有　　従有	老人 千　　円					特別 内　　人　　人	その他 人	人

定額減税適用後の金額
が記載されているか。

従人　　人

社会保険料等の金額	生命保険料の控除額	地震保険料の控除額	住宅借入金等特別控除の額
内　　　千　　　円	千　　　円	千　　　円	千　　　円

（摘要）

生命保険料の 金額の内訳	新生命保険料 の金額	円	旧生命保険料 の金額	円	介護医療保 険料の金額	円	新個人年金 保険料の金額	円	旧個人年金 保険料の金額	円

住宅借入金等 特別控除の額 の内訳	住宅借入金等 特別控除適用数		居住開始年月日 （1回目）	年　　月　　日	住宅借入金等特別 控除区分（1回目）		住宅借入金等 年末残高（1回目）	円
	住宅借入金等 特別控除可能額	円	居住開始年月日 （2回目）	年　　月　　日	住宅借入金等特別 控除区分（2回目）		住宅借入金等 年末残高（2回目）	円

（源泉・特別） 控除対象 配偶者	（フリガナ）		区分		配偶者	国民年金保険 料等の金額	円	旧長期損害 保険料の金額	円
	氏名							所得金額 調整控除額	円
	個人番号								

「適用」欄に、次の①イ～ハ
の情報が記載されているか、
記載漏れはないか。

控除対象扶養親族	1	（フリガナ）		区分		16歳未満の扶養親族	1	（フリガナ）		区分		（備考）
		氏名						氏名				
		個人番号										
	2	（フリガナ）		区分			2	（フリガナ）		区分		
		氏名						氏名				
		個人番号										
	3	（フリガナ）		区分			3	（フリガナ）		区分		
		氏名						氏名				
		個人番号										
	4	（フリガナ）		区分			4	（フリガナ）		区分		
		氏名						氏名				
		個人番号										

未成年者	外国人	死亡退職	災害者欄	乙欄	本人が障害者		寡婦	ひとり親	勤労学生	中途就・退職				受給者生年月日			
					特別	その他				就職	退職	年	月	日	元号	年	月	日

支払者	個人番号又は 法人番号	（右詰で記載してください。）
	住所（居所） 又は所在地	
	氏名又は名称	（電話）

（税務署提出用）

整　理　欄	

① 摘要欄の記載にもれはないか（記載例90、92、95、98及び101ページ参照）。

イ　定額減税の額のうち控除済みの金額について、例えば「源泉徴収時所得税減税控除済額」として記載しているか。

「源泉徴収時所得税減税控除済額」とは、受給者が適用を受けた年調減税の額を言い、控除未済となっている額は含みません。

なお、年末調整を行っていない場合には記載の必要はありません（以下ロ及びハにおいても同様です。）。

ロ　上記２の⑨に記載の控除しきれない金額を、例えば「控除外税」として記載しているか。

「控除外税」とは、年末調整時に控除しきれなかった定額減税の額を言います。

ハ　同一生計配偶者のうち、受給者本人の合計所得金額が1,000万円を超えるために年末調整の計算上控除対象配偶者の対象とならないが適格同一生計配偶者に該当することから年末調整定額減税の算定の基礎とした者がある場合に、「非控除対象配偶者減税有」と記載しているか。

令和７年度分の定額減税の手続きなどに必要な情報となりますので、記載もれのないように注意してください。

【源泉控除対象配偶者と同一生計配偶者などの関係イメージ】

　下図の太線の枠で囲まれた部分（B・C・D）が給与等減税及び年調減税の対象となる生計を一にする配偶者の範囲です。

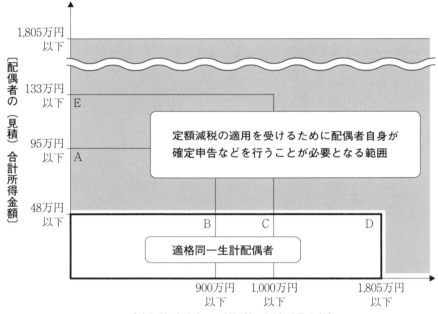

〔給与等受給者の（見積）合計所得金額〕

1　源泉控除対象配偶者の範囲…A＋B
2　年末調整の際の控除対象配偶者の範囲…B＋C
3　配偶者特別控除の対象となる者の範囲…A＋E
4　給与等減税申告書の提出がない場合の給与等減税の額の計算基礎となる生計を一にする配偶者の範囲（ただし居住者に限ります。）…B
5　年調減税申告書の提出がない場合の年調減税の額の計算基礎となる生計を一にする配偶者の範囲…B＋C
6　減税申告書の提出がある場合の控除額計算の基礎となる生計を一にする配偶者の範囲（ただし居住者に限ります。）…B＋C＋D
7　確定申告において令和6年分特別税額控除額の計算の基礎となる配偶者の範囲（ただし居住者に限ります。）…B＋C＋D
8　定額減税の適用を受けるために配偶者自身が確定申告などを行うことが必要となる生計を一にする配偶者の範囲（ただし居住者に限ります。）…網かけ部分

② 源泉徴収税額欄には定額減税適用後の金額を記載しているか。

　定額減税後の金額が本来の源泉徴収税額として取り扱われますので、この欄に定額減税前の金額を記載することのないよう注意してください。

 設例

《主に給与等支払者の源泉徴収減税事務》

1　給与等支払者の源泉徴収事務のパターン

　定額減税額は、所得税と個人住民税（所得割）から控除することとされていますが、給与所得者については、所得税は源泉徴収税額から源泉徴収減税の額を控除する方法で、個人住民税については、令和6年度分（令和7年度分）特別税額控除額を控除した後の各年度分の所得割の額を特別徴収する方法で行うことになります。

　給与等支払者は、個人住民税については、令和6年6月に給与の支払をする際は特別徴収は行わず、減税された後の個人住民税の額の11分の1の額を、<u>令和6年7月</u>から令和7年5月まで、それぞれの給与の支払いをする際に毎月徴収することになります。

R6.6月分は徴収せず、「定額減税「後」の税額」をR6.7月分〜R7.5月分の11か月で均す。

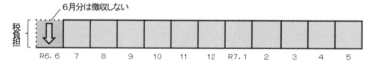

〔出典：総務省HP〕

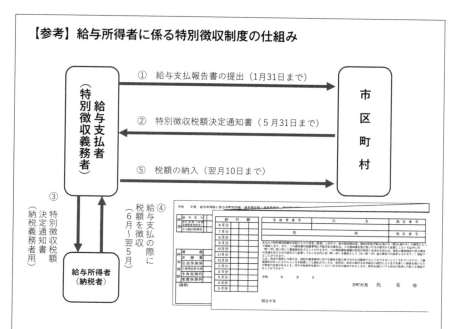

【参考】給与所得者に係る特別徴収制度の仕組み

特別徴収の対象者は、納税義務者が前年中において給与の支払を受けた者であり、かつ、当該年度の初日（令和6年度であれば、令和6年4月1日）において給与の支払を受けている者になります（地方税法321の3①）。

ただし、当該市区町村内に給与所得者が少ないことや、給与の支払をする者ごとに給与所得者の数が少ないこと等の特別の事情がある場合、次に掲げる給与所得者で特別徴収の方法によって徴収することが著しく困難であると認められる者については、特別徴収によらないこともできます。

・給与所得のうち支給期間が1月を超える期間によって定められている給与のみの支払いを受けている者

・外国航路を航行する船舶の乗組員で1月を超える期間以上乗船することとなるため慣行として不定期にその給与の支払いを受けている者

他方、所得税については、原則として源泉徴収の際に源泉徴収減税に係る事務を行う必要があります。

その事務とは、

① 令和6年6月1日以後に支払う給与等（賞与を含みます。）に対する源泉徴収税額からその時点の給与等減税の額を控除する事務（「**月次減税事務**」）

② 年末調整の際、年末調整時点の年調減税の額に基づき精算を行う事務（「**年調減税事務**」）

の2つになります（給与等支払者が行う定額減税に係る源泉徴収事務の流れについては、国税庁から公表されているパンフレット「給与等の源泉徴収事務に係る令和6年分の所得税の定額減税のしかた」に説明されています。）。

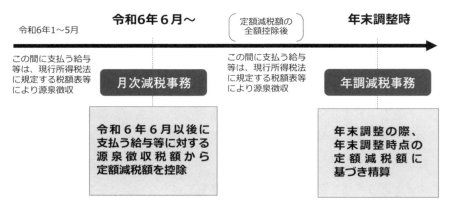

〔出典〕国税庁HP

上記の事務を行うか否かは、給与等支払者のもとで勤務している人が、①令和6年6月1日現在在職しているか、②令和6年6月1日現在扶養控除等申告書を提出しているか（源泉徴収税額表の甲欄適用者）、③年末調整の対象となる

か、④その年の合計所得金額の見積額が1,805万円超か、によって異り、以下のようなパターンに分けられると考えられます。下記2では、パターン①について、源泉徴収減税に係る事務を解説します。

パターン	R6.6.1現在在職	R6.6.1現在甲欄	年末調整対象者	合計所得金額の見積額1,805万円超		定額減税事務
①	○	○	○	×	→	月次減税事務　＋　年調減税事務
②	○	○	○	○	→	月次減税事務（定額減税額を控除しないで年末調整）
③	○	○	×	―	→	月次減税事務
④	○	×	○	×	→	年調減税事務
⑤	×	×	○	×	→	年調減税事務
⑥	○	×	○	○	→	なし（定額減税額を控除しないで年末調整）
⑦	×	×	○	○	→	なし（定額減税額を控除しないで年末調整）
⑧	○	×	×	―	→	なし
⑨	×	×	×	―	→	なし

2　「月次減税事務＋年調減税事務」のパターンの源泉徴収減税に係る事務

【設例】××株式会社　令和5年4月1日に入社（大蔵太郎）

・令和6年6月1日現在在職

・月給40万円（毎月25日支給）、月々の社会保険料63,654円

・賞与80万円（6月28日、12月10日支給）、賞与時の社会保険料124,320円

・令和6年6月1日時点で扶養控除等申告書の提出あり

・同一生計配偶者「有」、控除対象扶養親族（その他）「1名」、16歳未満の扶養親族「1名」

・年末調整の対象者（国民年金保険料額198,000円、生命保険料控除額120,000円、地震保険料控除額50,000円）

・上記の給与以外の所得はない

(1) 令和6年6月給与支給時

イ　月次減税事務の対象となる者かを確認する

　月次減税事務を行う対象者は、令和6年6月1日現在、給与の支払者のもとで勤務している者のうち、給与等の源泉徴収において源泉徴収税額の甲欄が適用される居住者（その給与の支払者に扶養控除等申告書を提出している居住者）になります。

　大蔵太郎は、令和6年6月1日現在、給与の支払者（××株式会社）のもとで勤務しているため、月次減税事務を行う対象者になります。

ロ　給与等減税額の計算

　令和6年6月以後に支払う給与等に対する源泉徴収税額から控除する定額減税額（以下「給与等減税額」といいます。）を計算します。

【給与等減税額】		
・本人	30,000円	合計額
・適格同一生計配偶者と適格扶養親族1人につき	30,000円	

　給与等減税額は、最初の月次減税事務を行うときまでに提出された「扶養控除等異動申告書」により、適格同一生計配偶者と適格扶養親族の人数を確認して計算します。

　「扶養控除等申告書」の「源泉控除対象配偶者」の欄に記載があれば、その者が居住者であり、かつ、「所得の見積額」が48万円以下であるかどうかを確認します。また、「控除対象扶養親族」欄及び「16歳未満の扶養親族」欄のうち、適格扶養親族である人の人数を確認します。

〔扶養控除等申告書（抜粋）〕

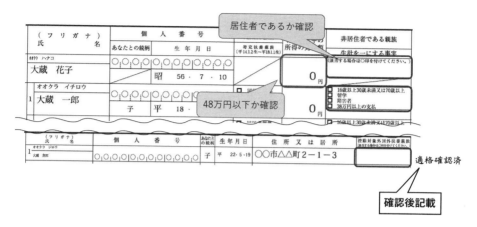

　　大蔵太郎の場合、適格同一生計配偶者と適格扶養親族の数の合計は３名

となるので、給与等減税額は30,000円（本人分）＋　30,000円×３名（適格同

一生計配偶者と適格扶養親族の分）

　　＝120,000円　　となります。

ハ　給与支給時の給与等減税額の控除

⑴　控除前税額の計算

　　現行の所得税法の規定等により源泉徴収されるべき所得税及び復興特

別所得税の相当額（以下「控除前税額」といいます。）を求めます。その

際には、「令和６年分 源泉徴収税額表」を使用して求めます。

〔令和6年分 源泉徴収税額表（抜粋）〕

（三）　　　　　　　　　　　　　　　　　　　　　　　　　　　　　　　　　　　（290,000円～439,999円）

その月の社会保険料等控除後の給与等の金額		甲								乙
		扶　養　親　族　等　の　数								
以　上	未　満	0 人	1 人	2 人	3 人	4 人	5 人	6 人	7 人	税　額
円	円	税 円	円	円	円	円	額 円	円	円	円
335,000	338,000	11,360	8,210	6,600	4,980	3,360	1,750	130	0	64,900
338,000		11,610	8,370	6,720	5,110	3,480	1,870	260	0	66,000
341,0							1,990	380	0	67,000
344,0						2,110	500	0	68,000
347,0						2,240	620	0	69,000

400,000円（月給）－63,654円（社保）＝336,346円

本設例では、控除前税額は6,600円となります。

> **「扶養親族」とは？**
>
> 　給与等の支払を受ける人と生計を一にする親族等（配偶者、青色事業専従者、白色申告の事業専従者を除きます。）で、令和6年中の所得の見積額が48万円以下の人をいい、控除対象扶養親族だけでなく、16歳未満の扶養親族も含まれます。
>
> **「扶養親族等の数」とは？**
>
> 　源泉控除対象配偶者と控除対象扶養親族（老人扶養親族又は特定扶養親族を含みます。）との合計数をいいます。また、給与等の支払を受ける人が、障害者（特別障害者を含みます。）、寡婦、ひとり親又は勤労学生に該当する場合には、これらの一に該当するごとに扶養親族等の数に1名を加算し、その人の同一生計配偶者や扶養親族（年齢16歳未満の人を含みます。）のうちに障害者（特別障害者を含みます。）又は同居特別障害者に該当する人がいる場合には、これらの一に該当するごとに扶養親族等の数に1人を加算した数を「扶養親族等の数」とします。

㈹　実際に源泉徴収する税額の計算

　　控除前税額（6,600円）より給与等減税額（120,000円）が大きいため、控除前税額から同額の給与等減税額を控除することになり、実際に源泉

— 68 —

徴収する税額はないこと（0円）になります。

　なお、二回目以降の給与等の支払時（本設例の場合6月賞与支給時）に、給与等減税額のうち控除しきれなかった部分の金額113,400円（120,000円－6,600円）を控除します。

　なお、国税庁ホームページには、各人別の給与等減税額と各月の控除額を管理するための事績簿（「各人別控除事績簿」）が掲載されており、これを活用して管理することもできます（**各人別控除事績簿の作成は義務ではなく、作成しなくても差し支えありません。**）。

〔**各人別控除事績簿（抜粋）**〕

基準日在職者 （受給者の氏名）	月次減税額の計算		2024年6月25日		
	同一生計配偶者と扶養親族の数 ①	月次減税額（（受給者本人＋①の人数）×30,000円） ②	控除前税額 ③	②のうち③から控除した金額 ④	控除しきれない金額（②－④） ⑤
大蔵　太郎	3	120,000	6,600	6,600	113,400

ニ　給与支払明細書への控除額の表示

　給与の支払の際に交付する給与支払明細書の適宜の箇所に、「定額減税額（所得税）6,600円」又は「定額減税6,600円」などと、わかりやすい適宜の記載で控除した給与等減税額を表示します。

(2)　令和6年6月賞与支給時

イ　支給時の給与等減税額の控除

(イ)　控除前税額の計算

　「令和6年分　源泉徴収税額表」から控除前税額を求めます。

〔令和6年分　源泉徴収税額表（抜粋）〕

賞与の金額に乗ずべき率	扶　　　　　養				親		族		甲
	0　　人		1　　人		2　　人		3　　人	
	前　　月　　の　　社　　会　　保　　険　　料　　等　　控							
	以　上	未　満	以　上	未　満	以　上	未　満	以　上	未　満
%　　0.000	千円 68 千円未満	千円	千円 94 千円未満	千円	千円 133 千円未満	千円	千円 171 千円未満	千円
2.042	68	79	94	243	133	269	171	295
4.084	79	252	243	282	269	312	295	345
6.126					312	369	345	398

400,000円（月給）－63,654円（社保）＝336,346円

　　本設例では、前月の社会保険料控除後の給与の金額は336,346円であるため、675,680円（800,000円－124,320円）に6.126％（復興特別所得税込）を乗じて控除前税額を計算すると41,392円（端数切捨て）となります。

(ロ)　実際に源泉徴収する税額の計算

　　控除前税額（41,392円）より給与等減税額（113,400円）が大きいため、控除前税額から同額の給与等減税額を控除することになり、実際に源泉徴収する税額はないこと（0円）になります。

ロ　賞与支払明細書への控除額の表示

　　賞与の支払の際に交付する給与支払明細書の適宜の箇所に、「定額減税額（所得税）41,392円」又は「定額減税41,392円」などと、わかりやすい適宜の記載で控除した給与等減税額を表示します。

(3)　令和6年7月源泉所得税納付時

　　源泉徴収した税額（所得税及び復興特別所得税）は、原則として、給与などを実際に支払った月の翌月10日までに国に納付することになります。

　　ただし、納付する税額がない場合は、「給与所得・退職所得等の所得税徴

収高計算書」（納付書）を所轄の税務署にe-Taxにより送信又郵便等により送付することになっています。雇用しているのが大蔵太郎のみであれば、以下のように記載し、税務署へe-Taxにより送信又郵便等により送付します。

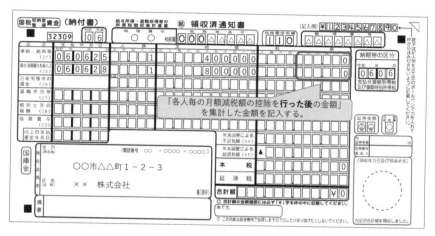

「各人毎の月額減税額の控除を行った後の金額」を集計した金額を記入する。

(4)　年末調整時

イ　年調減税事務の対象となる者かを確認する

　　年調減税事務を行う対象者は、年末調整の対象となる者となりますが、年末調整の対象となる者のうち、給与所得以外の所得を含めた合計所得金額が2,000万円を超えると見込まれる者などについては除かれます。

【年末調整の対象とならない者】

・令和6年中の主たる給与の収入金額が2,000万円超

・令和6年分の給与に係る源泉所得税について、「災害被害者に対する租税の減免、徴収猶予等に関する法律」の規定による徴収猶予又は還付を受けた者

・令和6年分の年末調整時にその給与の支払者に扶養控除等申告書を

提出していない者

　　大蔵太郎の令和6年の給与所得の収入金額は6,400,000円で、また、給与所得以外の所得はないので、年末調整の対象とならない者には該当しません。よって、年調減税事務の対象となります。

ロ　年調減税額の計算

　　扶養控除等申告書や配偶者控除等申告書、年調減税申告書から、年末調整を行う時の現況における適格同一生計配偶者の有無及び適格扶養親族の人数を確認し、年末調整時に年調所得税額から控除する年調減税額を計算します。

【年調減税額】

・本人　　　　　　　　　　　　　　　　　　　　30,000円 ⎱
　　　　　　　　　　　　　　　　　　　　　　　　　　　　合計額
・適格同一生計配偶者と適格扶養親族1人につき　30,000円 ⎰

　　なお、年調減税額の計算のための人数に含まれる「適格同一生計配偶者」は、次のいずれかに該当する生計を一にする配偶者となります。

・「配偶者控除等申告書」に記載された控除対象配偶者である居住者
・合計所得金額が48万円以下の生計を一にする配偶者のうち、年調減税額の計算に含める同一生計配偶者として年調減税申告書に記載された同一生計配偶者である居住者

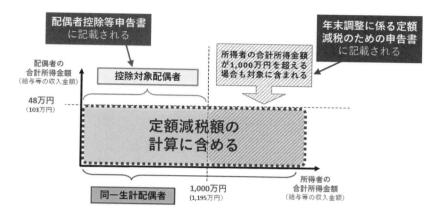

〔出典〕国税庁HP

大蔵太郎の場合、適格同一生計配偶者と適格扶養親族の数の合計は3名となるので、年調減税額は30,000円（本人分）＋ 30,000円×3名（適格扶養親族等の分）

＝120,000円　となります。

ハ　年調年税額の計算

年末調整における年調減税額の控除は、住宅借入金等特別控除後の所得税額（年調所得税額）から、その住宅借入金等特別控除後の所得税額を限度に行います。

また、年調減税額を控除した所得税の金額に102.1％を乗じて復興特別所得税を含めた年調年税額を計算します。

年調年税額計算の流れ

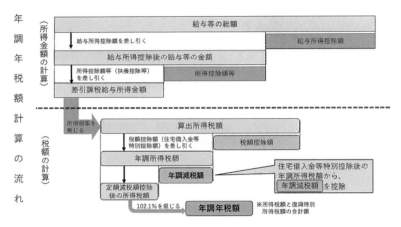

（所得金額の計算）

給与等の総額

給与所得控除額を差し引く

給与所得控除額

給与所得控除後の給与等の金額

所得控除額等（扶養控除等）
を差し引く

所得控除額等

差引課税給与所得金額

（税額の計算）

所得税率を
乗じる

算出所得税額

税額控除額（住宅借入金等
特別控除額）を差し引く

税額控除額

年調所得税額

年調減税額

住宅借入金等特別控除後の
年調所得税額から、
年調減税額 を控除

定額減税額控除
後の所得税額

102.1％を乗じる

年調年税額

※所得税額と復興特別
所得税額の合計額

〔出典〕国税庁HP

　これらの計算を行う際には、国税庁ホームページに掲載されている「年
末調整計算シート」、「源泉徴収シート」及び源泉徴収簿等を利用して計算
します。

「年末調整計算シート」等を利用した場合は、次のような入力になります。

源泉徴収シート

区分	月区分	支給月日	総支給金額	社会保険料等の控除額	社会保険料等控除後の給与等の金額	扶養親族等の数	算出税額	年末調整による過不足税額	月次減税額	差引徴収税額
給料・手当等	1	1月25日	400,000	63,654	336,346	2	6,600			6,600
	2	2月25日	400,000	63,654	336,346	2	6,600			6,600
	3	3月25日	400,000	63,654	336,346	2	6,600			6,600
	4	4月25日	400,000	63,654	336,346	2	6,600			6,600
	5	5月25日	400,000	63,654	336,346	2	6,600			6,600
	6	6月25日	400,000	63,654	336,346	2	6,600		6,600	0
	7	7月25日	400,000	63,654	336,346	2	6,600		6,600	0
	8	8月25日	400,000	63,654	336,346	2	6,600		6,600	0
	9	9月25日	400,000	63,654	336,346	2	6,600		6,600	0
	10	10月25日	400,000	63,654	336,346	2	6,600		6,600	0
	11	11月25日	400,000	63,654	336,346	2	6,600		6,600	0
	12	12月25日	400,000	63,654	336,346	2	6,600	-41,984	0	-35,384
	計		4,800,000	763,848	4,036,152		79,200	-41,984	39,600	-2,384
賞与等	6	6月28日	800,000	124,320	675,680	2	41,392		41,392	0
	12	12月10日	800,000	124,320	675,680	2	41,392		39,008	2,384
					0					0
					0					0
	計		1,600,000	248,640	1,351,360		82,784	0	80,400	2,384

定額減税額	120,000

定額減税控除済額	120,000
控除外額	0

※　年末調整による過不足額の精算方法には、①本年最後に支払う給与（賞与を含みます。）についての税額計算を省略し、その給与に対する徴収税額はないものとして精算する方法と、②本年最後に支払う給与についても、通常の月分の給与としての税額計算を行った上で精算する方法がありますが、本設例では②の方法で精算した場合を示しております。

年末調整 計算シート（令和6年用：試作版）

（フリガナ） 氏　名	オオクラ タロウ 大蔵　太郎	備考	

扶養控除等の控除額及び障害者控除	区分		人数(人)	控除額(円)	区分	人数(人)	控除額(円)
	控除対象扶養親族の人数	Ⓐ	1	380,000	同居特別障害者以外の特別障害者の人数 Ⓕ		
	特定扶養親族の人数	Ⓑ			同居特別障害者の人数 Ⓖ		
	同居老親等の人数	Ⓒ			寡婦の該当 Ⓗ	いずれか	
	同居老親等以外の老人扶養親族の人数	Ⓓ			ひとり親の該当 Ⓘ		
	一般の障害者の人数	Ⓔ			勤労学生の該当 Ⓙ		

年末調整	区分	金額(円)		税額(円)
	給料・手当等 ①	4,800,000	③	39,600
	賞与等 ④	1,600,000	⑥	2,384
	計 ⑦	6,400,000	⑧	41,984
	給与所得控除後の給与等の金額 ⑨	4,680,000	所得金額調整控除の適用の有無 【　　　無　　　】	
	所得金額調整控除額 ⑩	0		
	給与所得控除後の給与等の金額（調整控除後）⑪	4,680,000		
社会保険料等控除	給与等からの控除分 ⑫	1,012,488	配偶者の合計所得金額 （　　　0　円）	
	申告による社会保険料の控除分 ⑬	198,000		
	申告による小規模企業共済等掛金の控除分 ⑭		旧長期損害保険料支払額 （　　　　円）	
	生命保険料の控除額 ⑮	120,000		
	地震保険料の控除額 ⑯	50,000	⑫のうち小規模企業共済等掛金の金額 （　　　　円）	
	配偶者（特別）控除額 ⑰	380,000		
	扶養控除額及び障害者等の控除額の合計額 ⑱	380,000	⑬のうち国民年金保険料等の金額 （　198,000　円）	
	基礎控除額 ⑲	480,000		
	所得控除額の合計額 ⑳	2,620,488		
	差引課税給与所得金額及び算出所得税額 ㉑	2,059,000	㉒	108,400
	（特定増改築等）住宅借入金等特別控除額 ㉓			
	年調所得税額 ㉔			108,400
	年調減税額 ㉔-2			120,000
	年調減税額控除後の年調所得税額 ㉔-3			0
	控除外額 ㉔-4			11,600
	年調年税額（「㉔-3」×102．1%）㉕			0
	差引超過額 ㉖			41,984
	超過額の精算	本年最後の給与から徴収する税額に充当する金額 ㉗		
		未払給与に係る未徴収の税額に充当する金額 ㉘		
		差引還付する税額 ㉙		41,984
		同上のうち　本年中に還付する金額 ㉚		41,984
		同上のうち　翌年において還付する金額 ㉛		0
	不足額の精算	本年最後の給与から徴収する金額 ㉜		
		翌年に繰り越して徴収する金額 ㉝		

　大蔵太郎の場合、年調所得税額が108,400円で、年調減税額が120,000円であるため、控除しきれなかった金額（「控除外額」）11,600円が計算されることになります。

　なお、上記控除外額11,600円は、地方自治体からの調整給付の対象となります（調整給付額の計算方法は82ページ参照）。

(5) 令和7年1月源泉所得税納付時

　年末調整の計算が終わり、過納額や不足額の精算をした場合には、その内容を年末調整をした月分の納付書（「給与所得・退職所得等の所得税徴収高計算書」）に記載した上、徴収税額を納付します。その精算をした月分の所得税徴収高計算書（納付書）には、次のように記入します。

> ・過納額を充当又は還付したときは、「年末調整による超過税額」欄に、その金額を記入。
> ・不足額を徴収したときは、「年末調整による不足税額」欄に、その金額を記入。

　「年末調整による不足税額」欄及び「年末調整による超過税額」欄には、実際にその月に精算をした金額を記入することになっていますので、12月中に精算しきれないで、翌年1月又は2月に繰り越して精算するような場合には、その精算をした1月又は2月の納付書の該当欄にその金額を記入することになります。

　なお、所得税徴収高計算書（納付書）は、過納額を充当又は還付したため、納付する税額がなくなった（「本税」欄が「0」）場合であっても、上記の事項を記入して税務署に提出する必要があります。本設例では納付書に次のように記載して税務署に提出することになります。

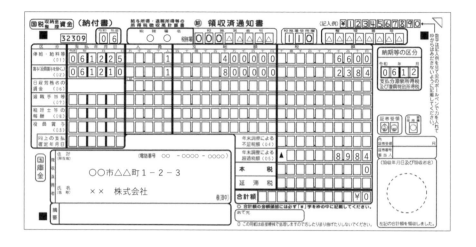

【参考】給与等支払者が還付できない場合（税務署から還付する場合）

　給与等支払者が納付する「給与、退職手当及び弁護士、司法書士、税理士等に支払われた報酬・料金に対する源泉徴収税額」がないか、あってもごくわずかであるため、給与等支払者のところでは過納額の還付をすることができない場合には、税務署から給与等支払者に一括して還付するか、あるいは過納となった各人に直接還付することになります。

　次の①から③までのいずれかに該当する場合には、給与等支払者は、各人の過納額や還付を受けようとする金額の明細を記載した「源泉所得税及び復興特別所得税の年末調整過納額還付請求書兼残存過納額明細書」を作成し、各人の「源泉徴収簿」の写しと過納額の請求及び受領に関する委任状を添付して、給与等支払者の所轄税務署に提出します。なお、提出期限は特に定められていませんが、次の①から③の事由が生じた日から５年間の間に提出しないと、時効により請求権が消滅します。

①　解散、廃業などにより給与の支払者でなくなったため、過納額の還付ができなくなった場合。

②　徴収して納付する税額が全くなくなったため、過納額の還付ができなくなった場合。

③　納付する源泉徴収税額に比べて過納額が多額であるため、還付することとなった日の翌月から2か月を経過しても還付しきれないと見込まれる場合。

源泉所得税及び復興特別所得税の年末調整過納額還付請求書兼残存過納額明細書

※整理番号

住所又は所在地	〒 100-0013 東京都千代田区霞が関３－１－１ 電話 ●● － ●●●● －●●●●
（フリガナ） 氏名又は名称	カブシキガイシャ ○○○○ **株式会社 ○○○○**
個人番号又は 法 人 番 号	1 2 3 4 5 6 7 8 9 0 1 2 3
（フリガナ） 代表者氏名	コクゼイ タロウ **国税 太郎**

令和 5 年 2 月 28 日

> 年末調整を行った年分を記載します。

> この還付請求書を提出することとなった事由について、いずれかにレ印を付します。

麹町 税務署長殿

令和 **4** 年分年末調整により生じた過納額については、次の事由により還付することができなくなったので、所得税法施行令第313条第2項の規定により、下記のとおり還付を請求します。

（該当する事由のチェック欄□に✓印を付してください。）

事由
- □ 解散・休業等（異動の日 令和 年 月 日） □ 徴収すべき税額がなくなった
- ✓ 2月を経過してもなお還付すべき過納額が残っている（2月を経過する日までに過納額の全額を還付することが不能）

還付を受けようとする年末調整により生じた過納額	155,907

還付金の受領人 （注）源泉徴収義務者（代理人）が還付を受ける場合には、還付金の受領に便利な場所を次の欄に記入してください。

> 「源泉徴収義務者（代理人）」にレ印を付します。

✓ 源泉徴収義務者（代理人）
代 表 本 人

イ 銀行等
○○ 銀行 本店・本所
○○ 金庫・組合 支店・支所
△△ 農協・漁協 出張所
△△ 預金 口座番号 △△△△△△△

ロ ゆうちょ銀行の貯金口座
貯金口座の記号番号 __

ハ 郵便局等窓口 __

残 存 過 納 額 明 細 書

> 年末調整を行った年月日を記入します。

住 所	氏 名	年末調整による超過額A	Aのうち現在までに充当又は還付した額		差引残存過納額(A-B)C	年末調整を行った年月日		
			月日	金額B		年 月 日	月 日	円
東京都港区西麻布 3-3-5	鈴木 一郎	29,248	2・24	16,860	12,388	4・12・26		
東京都練馬区東大泉 7-31-35	佐藤 次郎	76,757	2・24	32,310	44,447	4・12・26		
東京都練馬区栄町 23-7	山川 太郎	123,282	2・24	24,210	99,072	4・12・26		
合 計 （ 3 名）		229,287		73,380	155,907			円

> 源泉徴収簿に記載された差引超過額を記入します。

> 年末調整による超過額のうち、この還付請求書を提出する日までに充当又は還付した額を記入します。
（注）複数回にわたって充当又は還付した場合には、それらの額を合算して記入して差し支えありません。

税 理 士 署 名

【添付書類】
・委任状 1部
・残存過納額明細書に記載した受給者各人の源泉徴収簿の写し 1部
（注） 1 源泉徴収簿の写しは年末調整をした年分及びその年末調整による超過額に充当又は還付した年分のものを添付してください。
2 この還付請求書に記載された事項の他添付の通否を判定するために必要な事項について、別に説明資料を求めることがあります。

※税務署処理欄

起案	・・	署 長	副署長	統括官
決裁	・・			
（摘要）				

送付区分		未	未	確認事項 個人番号カード／通知カード・運転免許証
	□ 済 □ 未済			その他（ ）

（規格 A4）

03.06 改正

Ⅵ 設例《主に給与等支払者の源泉徴収減税事務》

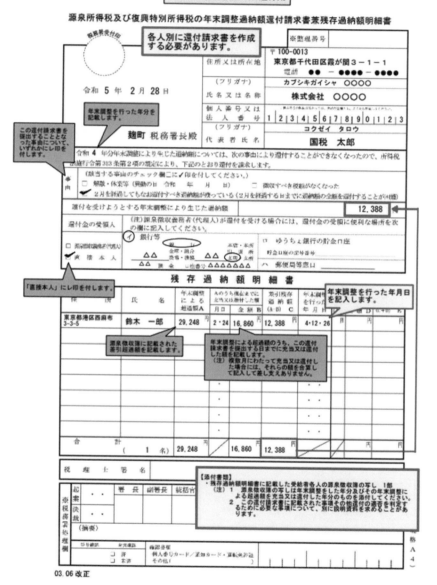

【記載例】直接本人へ還付用

源泉所得税及び復興特別所得税の年末調整過納額還付請求書兼残存過納額明細書

〔出典〕国税庁HP

(6)　源泉徴収票作成時

　令和7年1月31日までに作成して交付する必要がある「給与所得の源泉徴収票」には、その「(摘要)」欄に、実際に控除した年調減税額を「源泉徴収時所得税減税控除額×××円」などと記載します。また、年調減税額のうち年調所得税額から控除しきれなかった金額がある場合は、「控除外額×××円」（控除しきれなかった金額がない場合は「控除外額0円」）などと記載し、合計所得金額が1,000万円超である居住者の同一生計配偶者分を年調減税額の計算に含めた場合には、上記に加えて「非控除対象配偶者減税有」と記載します。

(摘要)
源泉徴収時所得税減税控除済額120,000円、控除外額0円 非控除対象配偶者減税有

　本設例では、次のような源泉徴収票を作成することになります。

令和 6 年分　　**給与所得の源泉徴収票**

支払を受ける者	住所又は居所	○○市△△町1－2－3					
			(受給者番号)				
			(個人番号) ○○○○○○○○○○○○				
			(役職名)				
			氏名	(フリガナ) オオクラ タロウ 大蔵 太郎			

種　別	支　払　金　額	給与所得控除後の金額 (調整控除後)	所得控除の額の合計額	源泉徴収税額
給　料	内　　6 400 000	4 680 000	2 620 488	内　　　　0

(源泉)控除対象配偶者の有無等		配偶者(特別)控除の額	控除対象扶養親族の数 (配偶者を除く。)							16歳未満扶養親族の数	障害者の数 (本人を除く。)		非居住者である親族の数
有	従有		特定		老人		その他				特別	その他	
			人	従人	内　人	従人	人	従人			内　人	人	人
○		380 000					1			1			

社会保険料等の金額	生命保険料の控除額	地震保険料の控除額	住宅借入金等特別控除の額
内　1 210 488	120 000	50 000	

(摘要)
源泉徴収時所得税減税控除額120,000円、控除外額11,600円

【参考】調整給付の支給

　定額減税額が引ききれないと見込まれる方については、推計による算定方法に基づいた調整給付が、個人住民税が課税される市区町村から令和6年夏頃以

降を目途として支給される予定です。また、令和 6 年分の所得税と定額減税の実績の額が確定した後、給付に不足が生じる場合には、令和 7 年以降に個人住民税が課税される市区町村から追加で支給される予定です。

　なお、各人の給付金の受給状況等によって、給与等支払者が行う源泉徴収事務に影響が出ることはありません。

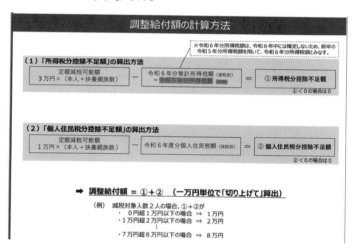

〔出典〕内閣官房HP

3　令和 6 年分の所得税に係る予定納税における定額減税

　令和 5 年分の課税総所得金額をもとに算出した予定納税基準額が15万円以上となる者については、その金額の 3 分の 1 に相当する金額を、第 1 期と第 2 期の計 2 回納税する必要があります。

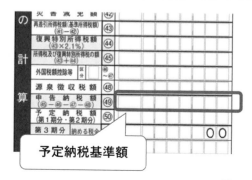

なお、予定納税基準額は、恒常的な所得（事業所得、不動産所得、給与所得）のみの場合、確定申告書第一表の㊾「申告納税額」欄の金額となります。予定納税を納めな

— 83 —

ければならない者に対しては、所轄の税務署から6月中旬に税務署から「令和6年分所得税及び復興特別所得税の予定納税額の通知書」が送付される予定です（以下は「令和5年分」の様式）。

| 整理番号 | |

┌─────────────────────────────────┐
│ □□□-□□□□   │
│   │
│   │
│   様   │
└─────────────────────────────────┘

未来の確定申告の際には、必ず予定納税額（合計欄の金額）を記載し、差し引いて計算してください。

令和5年6月15日

＿＿＿＿＿＿　税務署長

（税務署長の氏名の記載及び署長印の押なつは省略してあります。）

令和5年分 所得税及び復興特別所得税の予定納税額の通知書（一般用）

●予定納税について

あなたの令和5年分の予定納税基準額及び予定納税額（第1期分・第2期分）を右のとおり通知します。

予定納税とは、前年分の確定申告書に記載された申告納税額（又は下の⑰の金額）が15万円以上であった方が、法令の規定上、令和5年分の税額の一部をあらかじめ納付しなければならないという制度です。予定納税は、来年の確定申告の際に計算した税額から差し引くことにより精算します。

予定納税額	第1期分		円
	第2期分		
	合　計		

確定申告の際に、予定納税額の合計欄の金額を確定申告書の「予定納税額」欄に記載します。

予定納税基準額		円
振替納税利用金融機関名		

●予定納税額の納付について

振替納税をご利用の方	【引落日】 第1期分：令和5年7月31日 第2期分：令和5年11月30日	上記振替納税利用金融機関の預貯金口座から左記引落日に引き落とされます。
振替納税をご利用でない方	【納付期間】 第1期分：令和5年7月1日 　～　同年7月31日 第2期分：令和5年11月1日 　～　同年11月30日	同封の納付書で左記納付期間に金融機関又は所轄の税務署の窓口で納付してください。土・日・祝日は、金融機関及び税務署の窓口では納付できませんので、ご注意ください。 ※第2期分の納付書は後日送付します。

※期限に遅れるとそれぞれの期限の翌日から納付される日まで延滞税がかかります。

予定納税基準額の計算の基礎　※予定納税基準額が、前年分の申告納税額と異なる場合は次により計算しています。

区　分		金　額
令和4年分の総所得金額 （分離課税の所得は除かれています。）	①	円
①の金額のうち譲渡、一時、雑及び臨時の各所得の金額	②	
差引総所得金額 （① － ②）	③	
令和4年分の分離課税の上場株式等の配当所得等の金額	④	
所得から差し引かれる金額	⑤	
課税される所得金額 ③の金額から⑤の金額を差し引いたものです。控除しきれないときは、④の金額から差し引きます。	⑥に対する金額	⑥	
	④に対する金額	⑦	
税額	上の⑥に対する税額	⑧	
	上の⑦に対する税額	⑨	
	合　計	⑩	
配当控除・投資税額等の控除（特定増改築等住宅借入金等特別税額控除・政党等寄附金等特別控除・住宅耐震改修特別控除・住宅特定改修特別税額控除）	⑪	
差引所得税額 （⑩ － ⑪）	⑫	
（赤字のときは0）		

区　分		金　額
所得税に係る外国税額控除等	⑬	
所得税に係る源泉徴収税額 （下の㉑の金額）	⑭	
再差引所得税額 （⑫ － ⑬ － ⑭） （赤字のときは0）	⑮	
復興特別所得税額相当額 ⑮ × 2.1%	⑯	
予定納税基準額 （⑮ ＋ ⑯）	⑰	

⑭の「所得税に係る源泉徴収税額」の計算

区　分		金　額
令和4年分の所得税及び復興特別所得税の源泉徴収税額の合計額	⑱	円
⑱のうち退職、株式等の譲渡等、一時、雑、臨時の各所得に対するもの	⑲	
差引税額 （⑱ － ⑲）	⑳	
⑳のうち所得税に係る源泉徴収税額 （⑳ × 100 / 102.1）	㉑	

詳しくは、同封の『令和5年分　予定納税について』をご覧ください。

この通知書には、第1期分及び第2期分の予定納税額が記載されていますが、第1期分予定納税額については、本人分に係る予定納税減税額に相当する金額（30,000円）が控除されることになっています。また、予定納税額の減額申請をすることにより、第1期分予定納税額又は第2期分予定納税額について、適格扶養親族等に係る定額減税額に相当する金額の控除の適用を受けることができます。

　なお、定額減税のみを追加する場合は、簡易的な記載方法により申請することが認められています。

（税務署受付印）

令和6年分所得税及び復興特別所得税の 予定納税額の7月（11月）減額申請書

11月減額申請の場合は「7月」の文字を抹消してください。

＿＿＿＿＿＿税務署長	現在の住所又は居所事業所等	（〒　ー　　）		職業	
令和＿＿年＿＿月＿＿日提出	フリガナ氏　名			電話番号	

令和6年分の予定納税額について次のとおり減額の申請をします。

		通知を受けた金額	申　請　金　額
予定納税基準額又は申告納税見積額		円	㉟（の金額）　　円
予定納税額	第　1　期　分		㊸（の金額）
	第　2　期　分		㊹（の金額）

○「通知を受けた金額」欄には、「令和6年分所得税及び復興特別所得税の予定納税額の通知書」に記載されている金額をそのまま書いてください。
　ただし、11月減額申請の場合で、既に7月減額申請により減額の承認があった方は、その「減額申請の承認通知書」から転記してください。
○「申請金額」欄には、下の「申告納税見積額等の計算書」で計算した「申告納税見積額（㊟の金額）」、「予定納税額（㊸、㊹の金額）」をそれぞれ書いてください。

1　減額申請の理由（該当する項目を◯で囲んでください。）
　　廃業　休業　失業　災害　盗難　横領　医療費　その他（業況不振、控除対象扶養親族・障害者等の増加など）
　　予定納税特別控除額（同一生計配偶者又は扶養親族に係る控除額の追加）
2　減額申請の具体的理由（例えば、「◯年◯月◯日に事業を法人組織とし、個人事業を廃止したため」というように書いてください。）
　　...
　　...
　　...

3　添付書類の名称（申告納税見積額の計算の基礎となった資料として添付する書類の名称を書いてください。）
　(1)..　　　　　　　(3)..
　(2)..　　　　　　　(4)..

申告納税見積額等の計算書（書き方は裏面を参照してください。）

			申請金額
令和6年分の所得金額の見積額	営　業　等　・　農　業	①	円
	不　　動　　産	②	
	利　　　　　子	③	
	配　　　　　当	④	
	給　　　　　与	⑤	
	雑	⑥	
	総　合　譲　渡　・　一　時	⑦	
	合　計　（総合課税）	⑧	
		⑨	
		⑩	
	合　計　所　得　金　額	⑪	
所得から差し引かれる金額	社　会　保　険　料　　　控除小規模企業共済等掛金	⑫⑬	
	生　命　保　険　料　控　除	⑭	
	地　震　保　険　料　控　除	⑮	
	寡婦、ひとり親、勤労学生、障害者　控除	⑯	
	配　偶　者　（特別）　控　除	⑰	
	扶　　養　　控　　除	⑱	
	基　　礎　　控　　除	⑲	
	雑　　損　　控　　除	⑳	
	医　療　費（特例）　控　除	㉑	
	寄　附　金　控　除	㉒	
	合　　　計		

（税理士署名）（電話番号）

			申　請　金　額
税　額	課税される所得金額㉒の金額を、まず⑱の金額から差し引き、引ききれないときは⑭⑮の金額から順に差し引いて書いてください。	㉓に対する金額 / ㉔に対する金額 / ㉕に対する金額	㉓㉔㉕　円
	上の㉓に対する税額		㉖
	上の㉔に対する税額		㉗
	上の㉕に対する税額		㉘
	合　　　計		㉙
	配　当　控　除		㉚
	投資税額等の控除（特定増改築等）住宅借入金等特別控除		㉛
	政党等寄附金等特別控除		㉜
	住宅耐震改修特別控除、住宅特定改修・認定住宅等新築等特別税額控除		㉝
	差引所得税額（㉙-㉚-㉛-㉜-㉝）（赤字のときは0と書いてください。）		㉞
	災害減免額、所得税に係る分配時調整外国税相当額及び外国税額控除額		㉟
	所得税に係る源泉徴収税額（源泉徴収税額×100/102.1）		㊱
	再差引所得税額（㉞-㉟-㊱）（赤字のときは0と書いてください。）		㊲
	㊲　×　2．1％		㊳
	申告納税見積額（㊲＋㊳）（15万円未満のときは0と書いてください。）		㊴
予定納税特別控除額	本　人　分（3万円）		㊵
	同一生計配偶者等分（1人につき3万円）		㊶
	合　　　計		㊷
予定納税額	第　1　期　分		㊸
	第　2　期　分		㊹

（㊵㊶の合計が1,805万円超のときは、適用できません。）

（千円未満の端数は切り捨ててください。）　（百円未満の端数は切り捨ててください。）

税務署整理欄	通信日付印の年月日	確認	整理番号	青白区分	振替納税利用金融機関番号	一連番号
	年　月　日		0　1			

ご注意
◎この申請書の提出期限は、原則として、7月減額申請の場合は7月31日、11月減額申請の場合は11月15日です。
◎予定納税額は7月減額申請と11月減額申請とでは計算のしかたが異なりますからご注意ください。
◎変動所得・臨時所得のある方は税務署にお尋ねください。

なお、上記の減額申請の手続に係る措置に伴い、令和6年分の第1期分予定納税額の納期は令和6年7月1日から9月30日までの期間（現行：同年7月1日から7月31日までの期間）となり、同年6月30日の現況に係る予定納税額の減額の承認の申請の期限は、同年7月31日（現行：7月15日）とすることとされています。

【令和6年分予定納税のスケジュール】

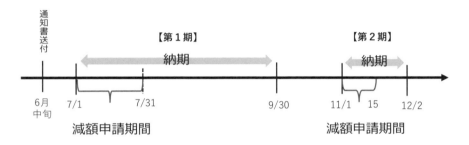

《その他の設例（令和6年中に受給者又は適格扶養親族等のステータスに変更があった場合）》

〔設例に関連した事項〕

イ　給与等減税は、令和6年6月1日時点で主たる給与等の支払者である者が行うこととなるので、この時点で主たる給与等の支払者に該当しない者は給与等減税の事務を行いません（年調減税又は受給者自身で行う確定申告等による申告減税で対応することとなります。）。

ロ　受給者が、①年の中途で非居住者となった場合、②転職や死亡などにより退職した場合などには、その時に年末調整を行うこととなるので、①及び②の場合が令和6年6月1日前に生じたときには給与等支払者は源泉徴収減税事務を行いません（受給者自身で行う確定申告等による申告減税で対応することとなります。）。

　また、これら①及び②のケースが令和6年6月1日以後に生じたときには支払者が源泉徴収減税事務を行う必要があります。

　なお、年調減税事務に関しては、年内に再就職すると見込まれる者については新たに扶養控除等申告書の提出先となった再就職先で行うことになりますので、再就職前の会社では行いません。

1　令和6年4月1日に退職した者で、同年1月1日に扶養控除等申告書を提出している者の場合

【前提】	
・給与の支給日	毎月25日
・退職理由	令和6年中に別会社に就職のため
・扶養親族等の人数	2人

・適格扶養親族等の人数　1人

〔令和6年分 給与所得に対する源泉徴収簿〕

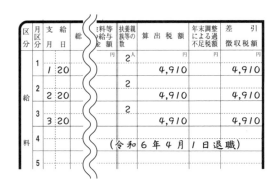

区分	金　額	税　額
給　料　・　手　当　等 ①	900,000 円	③ 14,730 円
賞　　　与　　　等 ④		⑥
計 ⑦	900,000	⑧ 14,730
給与所得控除後の給与等の金額 ⑨		
所得金額調整控除額 ((⑦-8,500,000円)×10%、マイナスの場合は0) ⑩	(1円未満切上げ、最高150,000円)	
給与所得控除後の給与等の金額(調整控除後) (⑨-⑩) ⑪		
社会保険料等控除 給与等からの控除分 (②+⑤) ⑫		
申告による社会保険料の控除分 ⑬		
申告による小規模企業共済等掛金の控除分 ⑭		
生命保険料の控除額 ⑮		
地震保険料の控除額 ⑯		
配偶者(特別)控除額 ⑰		
扶養控除額及び障害者等の控除額の合計額 ⑱		
基礎控除額 ⑲		
所得控除額の合計額 (⑫+⑬+⑭+⑮+⑯+⑰+⑱+⑲) ⑳		
差引課税給与所得金額(⑪-⑳)及び算出所得税額 ㉑	(1,000円未満切捨て)	㉒
(特定増改築等)住宅借入金等特別控除額 ㉓		
年調所得税額 (㉒-㉓、マイナスの場合は0) ㉔		
年調年税額 (㉔×102.1%) ㉕	(100円未満切捨て)	
差引超過額又は不足額 (㉕-⑧) ㉖		

所得金額調整控除の適用
有・無
(※ 適用有の場合は⑩に記載)

配偶者の合計所得金額
(　　　　　円)

旧長期損害保険料支払額
(　　　　　円)

⑫のうち小規模企業共済等掛金の金額
(　　　　　円)

⑬のうち国民年金保険料等の金額
(　　　　　円)

〔令和6年分 給与所得の源泉徴収票〕

(摘要)

　年末調整未済

2　令和6年10月20日に退職した者で、同年1月1日に扶養控除等申告書を提出している者の場合（定額減税に係る申告書の提出なし）

【前提】

- ・給与の支給日　　　　　毎月25日
- ・退職理由　　　　　　　令和6年中に別会社に就職のため
- ・扶養親族等の人数　　　2人
- ・適格扶養親族等の人数　2人

〔令和6年分　給与所得に対する源泉徴収簿〕

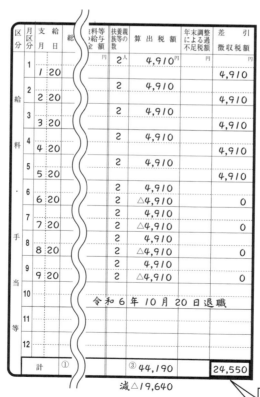

区分	月区分	支給月日	総	料等の金額給与	扶養親族等の数	算出税額	年末調整による過不足税額	差引徴収税額
給料・手当等	1	1 20			2人	4,910円	円	4,910円
	2	2 20			2	4,910		4,910
	3	3 20			2	4,910		4,910
	4	4 20			2	4,910		4,910
	5	5 20			2	4,910		4,910
	6	6 20			2	4,910 △4,910		0
	7	7 20			2	4,910 △4,910		0
	8	8 20			2	4,910 △4,910		0
	9	9 20			2	4,910 △4,910		0
	10			令和6年10月20日退職				
	11							
	12							
	計		①			③44,190		24,550

減△19,640

源泉徴収票の源泉徴収税額欄に転記する。

令和 **6** 年分　　**給与所得の源泉徴収票**

<table>
<tr><td rowspan="2">支払を受ける者</td><td rowspan="2">住所又は居所</td><td colspan="6">（受給者番号）</td></tr>
<tr><td colspan="6">（個人番号）
（役職名）
氏名（フリガナ）</td></tr>
</table>

種　　別	支 払 金 額	給与所得控除後の金額 （調整控除後）	所得控除の額の合計額	源泉徴収税額
	内　　　千　　　円	千　　　円	千　　　円	内　　　千　　　円 24　550

（源泉）控除対象配偶者 の有無等		配偶者（特別） 控除の額	控除対象扶養親族の数 （配偶者を除く。）						16歳未満 扶養親族 の数	障害者の数 （本人を除く。）			非居住者 である 親族の数
			特　定		老　人		その他			特　別		その他	
有	従有	千　　　円	人	従人	内　　人	従人	人	従人	人	内　　人	人	人	人

社会保険料等の金額	生命保険料の控除額	地震保険料の控除額	住宅借入金等特別控除の額
内　　　千　　　円	千　　　円	千　　　円	千　　　円

（摘要）

年末調整未済

生命保険料の 金額の内訳	新生命保険料 の金額	円	旧生命保険料 の金額	円	介護医療保 険料の金額	円	新個人年金 保険料の金額	円	旧個人年金 保険料の金額	円
（住宅借入金等 特別控除の額 の内訳	住宅借入金等 特別控除適用数		居住開始年月日 (1回目)	年　　月　　日	住宅借入金等特別 控除区分(1回目)					
	住宅借入金等 特別控除可能額	円	居住開始年月日 (2回目)	年　　月　　日	住宅借入金等特別 控除区分(2回目)		年末残高(2回目)			円

（源泉・特別） 控除対象 配偶者	（フリガナ） 氏名		区 分		配偶者の 合計所得		国民年金保険 料等の金額	円	旧長期損害 保険料の金額	円
	個人番号						基礎控除の額	円	所得金額 調整控除額	円

控除対象扶養親族	1	（フリガナ） 氏名		区分	16歳未満の扶養親族	1	（フリガナ） 氏名		区分	（備考）
		個人番号								
	2	（フリガナ） 氏名		区分		2	（フリガナ） 氏名		区分	
		個人番号								
	3	（フリガナ） 氏名		区分		3	（フリガナ） 氏名		区分	
		個人番号								
	4	（フリガナ） 氏名		区分		4	（フリガナ） 氏名		区分	
		個人番号								

未成年者	外国人	死亡退職	災害者欄	乙欄	本人が障害者		寡婦	ひとり親	勤労学生	中途就職・退職				受給者生年月日			
					特別	その他				就職	退職	年	月　　日	元号	年	月	日

（税務署提出用）	支払者	個人番号又は 法人番号	（右詰で記載してください。）
		住所（居所） 又は所在地	
		氏名又は名称	（電話）

整理欄		

源泉徴収簿の差引徴収税額の計算欄の金額から転記する。

375

3　令和6年4月1日に扶養控除等申告書に記載の適格扶養親族等に異動（扶養親族の死亡）があった場合

【前提】
・給与等の支給日　　　　　　毎月25日
・扶養控除等申告書提出日　令和6年1月1日
・扶養親族等の人数　　　　2人
・適格扶養親族等の人数　　1人（当初2名）

〔令和6年分　給与所得に対する源泉徴収簿〕

扶養親族が死亡した際の判断は、死亡の時の現況により判断を行うこととされていますので、適格扶養親族等の人数に影響を与えません。

区分	月区分	支給月日	総(給与等の支給金額)	扶養親族等の数	算出税額	年末調整による過不足税額	差引徴収税額
給料・手当等	1			2人	4,910円	円	4,910円
	2			2	4,910		4,910
	3			2	4,910		4,910
	4			1	6,520		6,520
	5			1	6,520		6,520
	6			1	6,520		
				2	△6,520		0
	7			1	6,520		
				2	△6,520		0
	8			1	6,520		
				2	△6,520		0
	9			1	6,520		
				2	△6,520		0
	10			1	6,520		
				2	△6,520		0
	11			1	6,520		
				2	△6,520		0
	12			1	6,520		
				2			6,520
計			①		③ 73,410		34,290

減　39,120

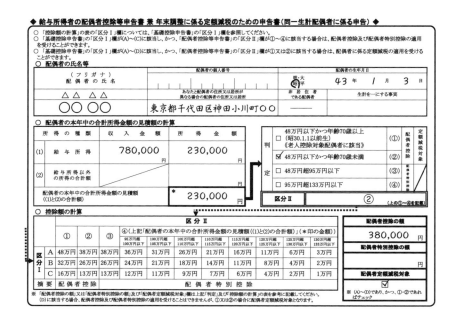

◆ 給与所得者の配偶者控除等申告書 兼 年末調整に係る定額減税のための申告書（同一生計配偶者に係る申告）◆

○ 「控除額の計算」の表の「区分Ⅰ」欄については、「基礎控除申告書」の「区分Ⅰ」欄を参照してください。
○ 「基礎控除申告書」の「区分Ⅰ」欄が(A)～(C)に該当し、かつ、「配偶者控除等申告書」の「区分Ⅱ」欄が①～④に該当する場合は、配偶者控除及び配偶者特別控除の適用を受けることができます。
○ 「基礎控除申告書」の「区分Ⅰ」欄が(A)～(D)に該当し、かつ、「配偶者控除等申告書」の「区分Ⅱ」欄が①又は②に該当する場合は、配偶者に係る定額減税の適用を受けることができます。

○ 配偶者の氏名等

（フリガナ）配偶者の氏名	配偶者の個人番号	配偶者の生年月日
△△ △△△		明・大 43 年 1 月 3 日 昭・平
○○ ○○	あなたと配偶者の住所又は居所が異なる場合の配偶者の住所又は居所 東京都千代田区神田小川町○○	非居住者である配偶者 ——— 生計を一にする事実 ———

○ 配偶者の本年中の合計所得金額の見積額の計算

所得の種類	収入金額	所得金額
(1) 給与所得	780,000 円	230,000 円
(2) 給与所得以外の所得の合計額		円
配偶者の本年中の合計所得金額の見積額 ((1)と(2)の合計額)	＊ 230,000 円	

判定
☐ 48万円以下かつ年齢70歳以上 (昭30.1.1以前生) 《老人控除対象配偶者に該当》	(①)	配偶者控除
☑ 48万円以下かつ年齢70歳未満	(②)	
☐ 48万円超95万円以下	(③)	配偶者特別控除
☐ 95万円以下133万円以下	(④)	

区分Ⅱ　②（上の①～④を記載）

定額減税対象 配偶者定額減税対象

○ 控除額の計算

区分Ⅱ

	①	②	③	④(上記「配偶者の本年中の合計所得金額の見積額((1)と(2)の合計額)」(＊印の金額)
				95万円超100万円以下 / 100万円超105万円以下 / 105万円超110万円以下 / 110万円超115万円以下 / 115万円超120万円以下 / 120万円超125万円以下 / 125万円超130万円以下 / 130万円超133万円以下
区分Ⅰ A	48万円	38万円	38万円	36万円 / 31万円 / 26万円 / 21万円 / 16万円 / 11万円 / 6万円 / 3万円
B	32万円	26万円	26万円	24万円 / 21万円 / 18万円 / 14万円 / 11万円 / 8万円 / 4万円 / 2万円
C	16万円	13万円	13万円	12万円 / 11万円 / 9万円 / 7万円 / 6万円 / 4万円 / 2万円 / 1万円
摘要	配偶者控除			配偶者特別控除

配偶者控除の額　380,000 円
配偶者特別控除の額　　円
配偶者定額減税対象　☑
※ (A)～(D)であり、かつ、①・②であればチェック

※ 「配偶者控除の額」又は「配偶者特別控除の額」及び「配偶者定額減税対象」は上記「判定」及び「控除額の計算」の表を参考に記載してください。
(D)に該当する場合、配偶者控除及び配偶者特別控除の適用を受けることはできませんが、①又は②の場合に配偶者定額減税対象となります。

〔令和6年分　給与所得に対する源泉徴収簿〕

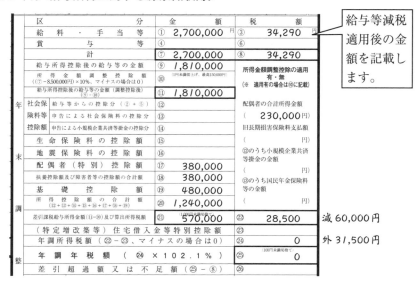

給与等減税適用後の金額を記載します。

区　分	金　額	税　額
給料・手当等 ①	2,700,000 円 ③	34,290 円
賞　与　等 ④	⑥	
計 ⑦	2,700,000	⑧ 34,290
給与所得控除後の給与等の金額 ⑨	1,810,000	所得金額調整控除の適用 有・無 (※ 適用有の場合は⑩に記載)
所得金額調整控除額 ((⑦－8,500,000円)×10%、マイナスの場合は0) ⑩	[1円未満切上げ、最高150,000円]	
給与所得控除後の給与等の金額（調整控除後） (⑨－⑩) ⑪	1,810,000	
社会保険等控除額 給与等からの控除分 (②＋⑤) ⑫		配偶者の合計所得金額 (230,000円)
申告による社会保険料の控除分 ⑬		旧長期損害保険料支払額
申告による小規模企業共済等掛金の控除分 ⑭		(円)
生命保険料の控除額 ⑮		⑫のうち小規模企業共済等掛金の金額
地震保険料の控除額 ⑯		(円)
配偶者（特別）控除額 ⑰	380,000	⑬のうち国民年金保険料等の金額
扶養控除額及び障害者等の控除額の合計額 ⑱	380,000	(円)
基礎控除額 ⑲	480,000	
所得控除額の合計額 (⑫+⑬+⑭+⑮+⑯+⑰+⑱+⑲) ⑳	1,240,000	
差引課税給与所得金額(⑪-⑳)及び算出所得税額 ㉑	570,000	[1,000円未満切捨て] ㉒ 28,500
（特定増改築等）住宅借入金等特別控除額 ㉓		
年調所得税額（㉒-㉓、マイナスの場合は0）㉔	0	
年調年税額（㉔×102.1%）㉕	[100円未満切捨て] 0	
差引超過額又は不足額（㉕-⑧）㉖		

減 60,000 円
外 31,500 円

〔令和6年分　給与所得の源泉徴収票〕

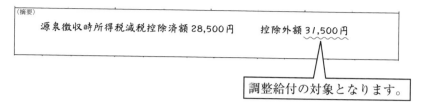

4　令和6年10月20日に扶養控除等申告書に記載の適格扶養親族等に異動（扶養親族の結婚）があった場合

【前提】
・給与等の支給日　　　　　　毎月25日
・扶養控除等申告書提出日　　令和6年1月1日
・扶養親族等の人数　　　　　2人
・適格扶養親族等の人数　　　1人（当初2名）

〔令和6年分　給与所得に対する源泉徴収簿〕

申告減税に係る措法41条の3の3第3項の規定のようなものは、給与等減税に係る法令等にはありませんので、当初の扶養控除等申告書の記載に異動があった場合でも、その当初の記載の内容に従って給与等減税の額の計算を行います。

区分	月区分	支給月日	総	給料等の給与の金額	扶養親族等の数	算出税額	年末調整による過不足税額	差引徴収税額
給料	1				2人	4,910円	円	4,910円
	2				2	4,910		4,910
	3				2	4,910		4,910
	4				2	4,910		4,910
	5				2	4,910		4,910
・	6				2	4,910		
					2	△4,910		0
手	7				2	4,910		
					2	△4,910		0
	8				2	4,910		
					2	△4,910		0
当	9				2	4,910		
					2	△4,910		0
	10				1	6,520		
					2	△6,520		0
等	11				1	6,520		
					2	△6,520		0
	12				1	6,520		
					2			6,520
	計	①				③ 63,750		31,070

減　32,680

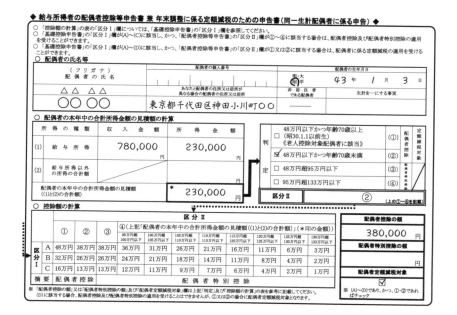

〔令和6年分 給与所得に対する源泉徴収簿〕

区　　　　分	金　額	税　額
給 料 ・ 手 当 等 ①	2,700,000	③ 31,070
賞 与 等 ②		⑥
計 ⑦	2,700,000	⑧ 31,070
給与所得控除後の給与等の金額 ⑨	1,810,000	所得金額調整控除の適用
所 得 金 額 調 整 控 除 額 ⑩ （⑦－8,500,000円）×10％、マイナスの場合は0		有・無 （※ 適用有の場合は⑩に記載）
給与所得控除後の給与等の金額（調整控除後）⑪ （⑨－⑩）	1,810,000	
社会保険料等控除額 給与等からの控除分（⑫＋⑤）⑫		配偶者の合計所得金額 （　230,000円）
申告による社会保険料の控除分 ⑬		旧長期損害保険料支払額
申告による小規模企業共済等掛金の控除分 ⑭		⑫のうち小規模企業共済等掛金の金額
生 命 保 険 料 の 控 除 額 ⑮		
地 震 保 険 料 の 控 除 額 ⑯		⑬のうち国民年金保険料等の金額
配 偶 者 （ 特 別 ） 控 除 額 ⑰	380,000	
扶養控除額及び障害者等の控除額の合計額 ⑱		（　　　　円）
基 礎 控 除 額 ⑲	480,000	
所得控除額の合計（⑫+⑬+⑭+⑮+⑯+⑰+⑱+⑲）⑳	860,000	
差引課税給与所得金額（⑪-⑳）及び算出所得税額 ㉑	950,000	㉒ 47,500	減 60,000円
（特定増改築等）住宅借入金等特別控除額 ㉓		
年調所得税額（㉒-㉓、マイナスの場合は0）㉔		0	外 12,500円
年 調 年 税 額 （ ㉔ ×102.1％ ）㉕		0
差 引 超 過 額 又 は 不 足 額 （㉕-⑧）㉖		△31,070

— 97 —

〔令和6年分 給与所得の源泉徴収票〕

(摘要)

源泉徴収時所得税減税控除済額 47,500円　　　控除外額 12,500円

調整給付の対象となります。

5　年末調整時に年調減税申告書（適格扶養親族等の追加）の提出があった場合

【前提】
・給与等の支給日　　　　毎月25日
・扶養控除等申告書提出日　令和6年1月1日
・扶養親族等の人数　　　2人
・適格扶養親族等の人数　3人（当初2名）

〔令和6年分　給与所得に対する源泉徴収簿〕

区分	月区分	支給月日	総（給与の金額）	料等（給与の金額）	扶養親族等の数	算出税額	年末調整による過不足税額	差引徴収税額
給料・手当等	1			円	2人	4,910 円	円	円
								4,910
	2				2	4,910		
								4,910
	3				2	4,910		
								4,910
	4				2	4,910		
								4,910
	5				2	4,910		
								4,910
	6				2	4,910		
					2	△4,910		0
	7				2	4,910		
					2	△4,910		0
	8				2	4,910		
					2	△4,910		0
	9				2	4,910		
					2	△4,910		0
	10				2	4,910		
					2	△4,910		0
	11				2	4,910		
					2	△4,910		0
	12				2	4,910		
					2			4,910
	計		①			③ 58,920		29,460

減　29,460

◆ 給与所得者の配偶者控除等申告書 兼 年末調整に係る定額減税のための申告書（同一生計配偶者に係る申告）◆

- ○ 「控除額の計算」の表の「区分Ⅰ」については、「基礎控除申告書」の「区分Ⅰ」欄を参照してください。
- ○ 「基礎控除申告書」の「区分Ⅰ」欄が(A)～(C)に該当し、かつ、「配偶者控除等申告書」の「区分Ⅱ」欄が①～④に該当する場合は、配偶者控除又は配偶者特別控除の適用を受けることができます。
- ○ 「基礎控除申告書」の「区分Ⅰ」欄が(A)～(D)に該当し、かつ、「配偶者控除等申告書」の「区分Ⅱ」欄が①又は②に該当する場合は、配偶者に係る定額減税の適用を受けることができます。

○ 配偶者の氏名等

（フリガナ） 配偶者の氏名	配偶者の個人番号	配偶者の生年月日
△△ △△△ ○○ ○○○		明・大 ㊵ 43 年 1 月 3 日
東京都千代田区神田小川町○○	あなたと配偶者の住所又は居所が 異なる場合の配偶者の住所又は居所	非居住者 である配偶者 ／ 生計を一にする事実

○ 配偶者の本年中の合計所得金額の見積額の計算

	所得の種類	収入金額	所得金額	
(1)	給与所得	780,000 円	230,000 円	
(2)	給与所得以外 の所得の合計額		円	
	配偶者の本年中の合計所得金額の見積額 ((1)と(2)の合計額)		＊ 230,000 円	

判 定	□ 48万円以下かつ年齢70歳以上 （昭30.1.1以前生） 《老人控除対象配偶者に該当》	(①)	配偶者控除対象
	☑ 48万円以下かつ年齢70歳未満	(②)	
	□ 48万円超95万円以下	(③)	配偶者特別控除対象
	□ 95万円超133万円以下	(④)	

区分Ⅱ	② （上の①～④を記載）

○ 控除額の計算

		区 分 Ⅱ									
		①	②	③	④ (上記「配偶者の本年中の合計所得金額の見積額((1)と(2)の合計額)」(＊印の金額))						
					95万円超 100万円以下	100万円超 105万円以下	105万円超 110万円以下	110万円超 115万円以下	115万円超 120万円以下	120万円超 125万円以下	125万円超 130万円以下	130万円超 133万円以下
区 分 Ⅰ	A	48万円	38万円	38万円	36万円	31万円	26万円	21万円	16万円	11万円	6万円	3万円
	B	32万円	26万円	26万円	24万円	21万円	18万円	14万円	11万円	8万円	4万円	2万円
	C	16万円	13万円	13万円	12万円	11万円	9万円	7万円	6万円	4万円	2万円	1万円
摘要		配偶者控除					配偶者特別控除					

配偶者控除の額
380,000 円

配偶者特別控除の額
円

配偶者定額減税対象
☑

※ (A)～(D)であり、かつ、①・②であればチェック

※ 「配偶者控除の額」又は「配偶者特別控除の額」及び「配偶者定額減税対象」欄は上記「判定」及び上記「控除額の計算」の表を参考に記載してください。
(D)に該当する場合、配偶者控除又は配偶者特別控除の適用を受けることはできませんが、①又は②の場合に配偶者定額減税対象となります。

令和6年分 源泉徴収に係る定額減税のための申告書 兼 年末調整に係る定額減税のための申告書

所轄税務署長 税務署長	給与の支払者の 名称（氏名）			（フリガナ） あなたの氏名		二次元 コード
	給与の支払者の 法人番号			あなたの住所 又は居所		二次元コードのしかたはこちら
	給与の支払者の 所在地（住所）					

～記載に当たってのご注意～

- ◎ この申告書は、同一生計配偶者や扶養親族につき定額減税額を加算して控除を受けようとする場合に提出するものです。ただし、「給与所得者の扶養控除等（異動）申告書」（住民税に関する事項を含みます。）に記載した源泉徴収対象配偶者や扶養親族及び「給与所得者の配偶者控除等申告書」に記載した控除対象配偶者については、この申告書への記載は不要です。
- ◎ この申告書は、あなたが「給与所得者の扶養控除等（異動）申告書」を提出した給与の支払者にしか提出することはできません。

□	**源泉徴収に係る申告書として使用**…令和6年6月1日以後最初に支払を受ける給与（賞与を含みます。）の支払日までに、この申告書を給与の支払者に提出してください。 令和6年6月1日以後最初に支払を受ける給与（賞与を含みます。）の源泉徴収から、以下に記載した者について定額減税額を加算して控除を受けます。 ・「給与所得者の扶養控除等（異動）申告書」に記載した源泉徴収対象配偶者又は16歳未満の扶養親族については、既に定額減税額の加算の対象に含まれていますので、この申告書に記載して提出する必要はありません。
☑	**年末調整に係る申告書として使用**…年末調整を行うときまでに、この申告書を給与の支払者に提出してください。 年末調整において、以下に記載した者について定額減税額を加算して控除を受けます。 ・「給与所得者の扶養控除等（異動）申告書」又は「源泉徴収に係る定額減税のための申告書」に記載した源泉徴収対象配偶者又は16歳未満の扶養親族については、既に定額減税額の加算の対象に含まれていますので、この申告書に記載して提出する必要はありません。 ・「給与所得者の扶養控除等（異動）申告書」又は「源泉徴収に係る定額減税のための申告書」に記載した配偶者の氏名等を記載して提出した場合であっても、年末調整の際には、同一生計配偶者の氏名等を記載した申告書を提出する必要があります。また、「給与所得者の配偶者控除等申告書」を提出する人は、この申告書への記載は不要となりますので、「給与所得者の配偶者控除等申告書 兼 年末調整に係る定額減税のための申告書」（兼用様式）を使用して提出してください。 ・「源泉徴収に係る定額減税のための申告書」に扶養親族を記載して提出した場合であっても、「給与所得者の扶養控除等（異動）申告書」に記載していない扶養親族については、この申告書の「扶養親族の氏名等」に記載してください。

(注) 使用する目的に応じて、いずれかの□にチェックを付けてください。

○ 同一生計配偶者の氏名等
※ 記載しようとする配偶者の本年中の合計所得金額の見積額が48万円を超える場合には、控除を受けることはできません。

（フリガナ） 氏 名	個 人 番 号	生年月日	配偶者の住所又は居所	居住者に 該当	本年中の合計所得 金額の見積額
		明治 大正 ・ ・			円

○ 扶養親族の氏名等
※ 記載しようとする親族の本年中の合計所得金額の見積額が48万円を超える場合には、控除を受けることはできません。

	（フリガナ） 氏 名	個 人 番 号	続柄	生年月日	扶養親族の住所又は居所	居住者に 該当	本年中の合計所得 金額の見積額
1	○○ ○○○ ○○ ○○○		長女	明・大 昭・平 令 20.3.3	東京都江戸川区××××	☑	300,000 円
2				明・大 昭・平 令 ・ ・		□	円
3				明・大 昭・平 令 ・ ・		□	円

〔令和6年分　給与所得に対する源泉徴収簿〕

区　　　　　　　分		金　　額	税　　額
給　料　・　手　当　等	①	2,700,000 円	③ 29,460 円
賞　　　与　　　等	④		⑥
計	⑦	2,700,000	⑧ 29,460
給与所得控除後の給与等の金額	⑨	1,810,000	**所得金額調整控除の適用**
所　得　金　額　調　整　控　除　額 （（⑦-8,500,000円）×10%、マイナスの場合は0）	⑩	(1円未満切上げ、最高150,000円)	**有・無** （※　適用有の場合は⑩に記載）
給与所得控除後の給与等の金額（調整控除後） （⑨-⑩）	⑪	1,810,000	
社会保 険料等 控除額	給与等からの控除分（②＋⑤）	⑫	配偶者の合計所得金額
	申告による社会保険料の控除分	⑬	（　　230,000円）
	申告による小規模企業共済等掛金の控除分	⑭	旧長期損害保険料支払額
生　命　保　険　料　の　控　除　額	⑮		⑫のうち小規模企業共済
地　震　保　険　料　の　控　除　額	⑯		等掛金の金額
配　偶　者　（　特　別　）　控　除　額	⑰	380,000	（　　　　　円）
扶養控除額及び障害者等の控除額の合計額	⑱	380,000	⑬のうち国民年金保険料
基　　礎　　控　　除　　額	⑲	480,000	等の金額
所　得　控　除　額　の　合　計　額 （⑫＋⑬＋⑭＋⑮＋⑯＋⑰＋⑱＋⑲）	⑳	1,240,000	（　　　　　円）
差引課税給与所得金額（⑪-⑳）及び算出所得税額	㉑	570,000 (1,000円未満切捨て)	㉒ 28,500　減 90,000 円
（特定増改築等）住宅借入金等特別控除額	㉓		外 61,500 円
年調所得税額（㉒-㉓、マイナスの場合は0）	㉔		0
年　調　年　税　額　（　㉔　×　1　0　2　.　1　%　）	㉕	(100円未満切捨て)	0
差　引　超　過　額　又　は　不　足　額　（㉕-⑧）	㉖		

〔令和6年分　給与所得の源泉徴収票〕

(摘要)
源泉徴収時所得税減税控除済額 28,500 円　　　控除外額 61,500 円

関連資料

法　　　律	政　　　令
第5節の2 令和6年分における特別税額控除 （令和6年分における所得税額の特別控除） 第41条の3の3　<u>居住者の</u>令和6年分の所得税については、その者のその年分の所得税の額から、令和6年分特別税額控除額を控除する。ただし、その者のその年分の所得税に係るその年の合計所得金額（所得税法第2条第1項第30号の合計所得金額をいう。以下この節において同じ。）が1805万円を超える場合については、この限りでない。 2　前項に規定する令和6年分特別税額控除額は、<u>居住者について3万円（同一生計配偶者（所得税法第2条第1項第33号に規定する同一生計配偶者をいい、居住者に限る。以下この節において同じ。）又は扶養親族（同条第1項第34号に規定する扶養親族をいい、居住者に限る。以下この節において同じ。）を有する居住者については、3万円に当該同一生計配偶者又は当該扶養親族1人につき3万円を加算した金額）とする。</u> 3　前2項の場合において、その者が同一生計配偶者又は扶養親族に該当するかどうかの判定は、その年12月31日（その居住者がその年の中途において死亡し、又は出国（所得税法第2条第1項第42号に規定する出国	第9節の2 令和6年分における特別税額控除 （令和6年分における所得税額の特別控除） 第26条の4の2　法第41条の3の3第1項の規定による控除をすべき金額は、令和6年分の所得税法第92条第1項に規定する所得税額から控除する。 （二以上の居住者がある場合の同一生計配偶者の所属等） 第26条の4の3　法第41条の3の3第2項の場合において、一の居住者の配偶者がその居住者の同一生計配偶者（同項に規定する同一生計配偶者をいう。以下この条において同じ。）に該当し、かつ、他の居住者の扶養親族（同項に規定する扶養親族をいう。以下この条において同じ。）にも該当するときは、その配偶者は、次に定めるところにより、これらのうちいずれか一にのみ該当するものとみなす。 一　当該配偶者が当該同一生計配偶者又は当該扶養親族のいずれに該当するかは、これらの居住者の提出するその年分の所得税法施行令

省　　　令	付　記　事　項
（令和６年分における所得税額の特別控除） 第18条の23の３　法第41条の３の３第７項に規定する財務省令で定める規定は、所得税法第２編第３章第２節の規定、法第10条第１項、第４項及び第７項、第10条の３第３項及び第４項、第10条の４第３項、第10条の４の２第３項、第10条の５第１項及び第２項、第10条の５の３第３項及び第４項、第10条の５の４第１項から第４項まで、第10条の５の５第３項、第10条の５の６第７項から第９項まで、第25条第１項、第41条第１項、第41条の18第２項、第41条の18の２第２項、第41条の18の３第１項、第41条の19の２第１項、第41条の19の３第１項から第８項まで並びに第41条の19の４第１項及び第２項の規定、災害被害者に対する租税の減免、徴収猶予等に関する法律（昭和22年法律第175号）第２条の規定並びに東日本大震災の被災者等に係る国税関係法律の臨時特例に関する法律（平成23年法律第29号）第10条第３項及び第４項、第10条の２第３項及び第４項、第10条の２の２第３項及び第４項、第10条の３第１項、第10条の３の２第１項並びに第10条の３の３第１項の規定とする。	〔法律41条の３の３第２項〕 「同一生計配偶者」及び「扶養親族」について第５節の２内での意義を規定

法　　　律	政　　　令
をいう。以下この項において同じ。）をする場合には、その死亡又は出国の時）の現況による。ただし、その判定に係る者がその当時既に死亡している場合は、その死亡の時の現況による。 4　所得税法第92条第 2 項の規定は、第 1 項の規定による控除をすべき金額について準用する。この場合において、同条第 2 項中「前項の規定による控除」とあるのは「前項及び租税特別措置法第41条の 3 の 3 第 1 項（令和 6 年分における所得税額の特別控除）の規定による控除」と、「当該控除をすべき金額」とあるのは「これらの控除をすべき金額の合計額」と読み替えるものとする。 5　居住者の令和 6 年分の所得税の確定申告書の提出に係る所得税法第120条第 1 項の規定の適用については、同項中「配当控除の額」とあるのは、「配当控除の額と租税特別措置法第41条の 3 の 3 第 1 項（令和 6 年分における所得税額の特別控除）の規定により控除される金額との合計額」とする。 6　令和 6 年分の所得税について第 1 項の規定の適用を受ける場合における所得税法第120条第 1 項第 3 号に掲げる所得税の額の計算については、同号中「第 3 章（税額の計算）」とあるのは、「第 3 章（税額の計算）及び租税特別措置法第41条の 3 の 3	第218条第 1 項に規定する申告書等（法第41条の 3 の 7 第 5 項に規定する申告書及び法第41条の 3 の 8 第 4 項に規定する申告書を含む。以下この項において「申告書等」という。）に記載されたところによる。ただし、本文又は次号の規定により、当該配偶者が当該同一生計配偶者又は当該扶養親族のいずれかとされた後において、これらの居住者が提出する申告書等にこれと異なる記載をすることにより、その区分を変更することを妨げない。 二　前号の場合において、同号の居住者が同一人をそれぞれ自己の同一生計配偶者又は扶養親族として申告書等に記載したとき、その他同号の規定により同一生計配偶者又は扶養親族のいずれに該当するかを定められないときは、その夫又は妻である居住者の同一生計配偶者とする。 2　法第41条の 3 の 3 第 2 項の場合において、二以上の居住者の扶養親族に該当する者があるときは、その者は、次に定めるところにより、これらの居住者のうちいずれか一の居住者の扶養親族にのみ該当するものとみなす。 一　当該二以上の居住者の扶養親族に該当する者をいずれの居住者の扶養親族とするかは、これらの居

省　　　令	付　記　事　項

法　　律	政　　令
第1項（令和6年分における所得税額の特別控除）」とする。 7　第1項の規定による控除は、所得税法第2編第3章第2節の規定、第41条第1項の規定その他の財務省令で定める規定の適用がある場合には、これらの規定を適用した後に行うものとする。	住者の提出するその年分の所得税法施行令第219条第1項に規定する申告書等（法第41条の3の7第5項に規定する申告書及び法第41条の3の8第4項に規定する申告書を含む。以下この項において「申告書等」という。）に記載されたところによる。ただし、本文又は次号の規定により、その扶養親族がいずれか一の居住者の扶養親族に該当するものとされた後において、これらの居住者が提出する申告書等にこれと異なる記載をすることにより、他のいずれか一の居住者の扶養親族とすることを妨げない。 二　前号の場合において、二以上の居住者が同一人をそれぞれ自己の扶養親族として申告書等に記載したとき、その他同号の規定によりいずれの居住者の扶養親族とするかを定められないときは、次に定めるところによる。 イ　その年において既に一の居住者が申告書等の記載によりその扶養親族としている場合には、当該親族は、当該居住者の扶養親族とする。 ロ　イの規定によってもいずれの居住者の扶養親族とするかが定められない扶養親族は、居住者のうち所得税法施行令第219条第2項第2号に規定する合計額

省　　　令	付　記　事　項

法　　律	政　　令
	又は当該親族がいずれの居住者の扶養親族とするかを判定すべき時における当該合計額の見積額が最も大きい居住者の扶養親族とする。
	3　法第41条の3の3第2項の場合において、年の中途において居住者の配偶者が死亡し、その年中にその居住者が再婚したときにおけるその死亡し、又は再婚した配偶者のうちその居住者の同一生計配偶者に該当するものは、その死亡した配偶者又は再婚した配偶者のうち1人に限るものとする。
	4　一の居住者の配偶者がその居住者の同一生計配偶者に該当し、かつ、他の居住者の扶養親族にも該当する場合、二以上の居住者の扶養親族に該当する者がある場合又は年の中途において居住者の配偶者が死亡し、その年中にその居住者が再婚した場合において、いずれかの居住者（以下この項において「対象居住者」という。）が、その年分の所得税につき、同一生計配偶者若しくは扶養親族に係る所得税法第79条から第81条まで、第83条若しくは第84条の規定（以下この項において「対象規定」という。）の適用を受けるとき、又は同法第190条に規定する過不足の額の計算上、同一生計配偶者に係る同条第2号ハに掲げる障害者控除の額若しくは同号ニに掲げる配偶者控

省　　令	付　記　事　項

法　　　律	政　　　令
	除の額に相当する金額若しくは扶養親族に係る同号ハに掲げる障害者控除の額、寡婦控除の額、ひとり親控除の額若しくは扶養控除の額に相当する金額の控除を受けるとき（これらの控除を受ける者がその年分の所得税につき確定申告書の提出をし、又は国税通則法第25条の規定による決定を受けた者である場合を除く。）における法第41条の3の3第2項の規定の適用については、当該対象規定の適用又は当該対象居住者が受けたこれらの控除に係る同一生計配偶者又は扶養親族は、第1項及び第2項の規定にかかわらず、これらの居住者のうち当該対象居住者の同一生計配偶者又は扶養親族にのみ該当するものとみなす。
	5　第1項から第3項までの規定は、法第41条の3の7第3項の場合について準用する。
	6　第1項から第4項までの規定は、法第41条の3の8第2項の場合について準用する。この場合において、第4項中「第41条の3の3第2項」とあるのは、「第41条の3の8第2項」と読み替えるものとする。
	7　第1項から第3項までの規定は、法第41条の3の9第3項の場合について準用する。

省　　　令	付　記　事　項

法　　　律	政　　　令
（令和6年分の所得税に係る予定納税額の納期等の特例） 第41条の3の4　居住者の令和6年分の所得税に係る予定納税額（所得税法第2条第1項第36号に規定する予定納税額をいう。以下この条及び第41条の3の6において同じ。）の納期及び予定納税額の減額の承認の申請の期限については、次に定めるところによる。 　一　所得税法第104条の規定の適用については、同条第1項中「同月31日」とあるのは、「9月30日」とする。 　二　所得税法第111条の規定の適用については、同条第1項中「その年7月15日」とあるのは「その年7月31日」と、同条第3項中「経過した日」とあるのは「経過した日（第1項の申請の期限に係る同日が令和6年7月31日以前である場合には、同日）」とする。 （令和6年分の所得税に係る予定納税に係る特別控除の額の控除） 第41条の3の5　居住者（所得税法第107条第1項各号に掲げる居住者を除く。）の令和6年分の所得税に係る前条第1号の規定により読み替えて適用される同法第104条第1項の規定により同項に規定する第1期（次条第3項第1号及び第4項第1号において「第一期」という。）に	（令和6年分の所得税の予定納税額の減額承認申請に係る申告納税見積額の計算の特例） 第26条の4の4　居住者の令和6年分の所得税につき法第41条の3の4第2号の規定により読み替えて適用される所得税法第111条第1項又は第2項の規定による申請をしようとする場合における同条第4項に規定する申告納税見積額の計算については、所得税法施行令第261条第2号中「所得税の額」とあるのは、「所得税の額（租税特別措置法第41条の3の7から第41条の3の9まで（令和6年6月以後に支払われる給与等に係る特別控除の額の控除等）の規定の適用がないものとした場合における源泉徴収をされる所得税の額をいう。）」とする。

省　　　令	付　記　事　項

法　　律	政　　令
おいて納付すべき所得税の額は、当該所得税の額に相当する金額から予定納税特別控除額を控除した金額に相当する金額とする。 2　所得税法第107条第1項各号に掲げる居住者の令和6年分の所得税に係る同項の規定により同法第104条第1項に規定する第二期（次条第3項第2号、第4項及び第5項において「第二期」という。）において納付すべき所得税の額は、当該所得税の額に相当する金額から予定納税特別控除額を控除した金額に相当する金額とする。 3　前2項に規定する**予定納税特別控除額は、3万円とする。** 4　第1項又は第2項の規定の適用がある場合における所得税法その他の所得税に関する法令の規定の適用については、第1項の規定による控除をした後の金額に相当する金額は所得税法第104条第1項の規定により納付すべき所得税の額と、第2項の規定による控除をした後の金額に相当する金額は同法第107条第1項の規定により納付すべき所得税の額とみなす。 （令和6年分の所得税の予定納税額の減額の承認の申請の特例） **第41条の3の6**　居住者（第41条の3の3第2項に規定する令和6年分特別税額控除額の金額が3万円を超え	

省　　　令	付　記　事　項

法　　　　律	政　　　令
ると見込まれ、かつ、令和6年分の所得税に係るその年の合計所得金額が1805万円以下であると見込まれる者に限る。）の令和6年分の所得税につき予定納税額から減額の承認に係る予定納税特別控除額の控除を受けようとする場合における第41条の3の4第2号の規定により読み替えて適用される所得税法第111条第1項又は第2項の規定による申請については、同条第1項中「申告納税見積額が予定納税基準額」とあるのは「申告納税見積額から租税特別措置法第41条の3の6第6項（令和6年分の所得税の予定納税額の減額の承認の申請の特例）に規定する減額の承認に係る予定納税特別控除額を控除した金額が予定納税基準額から同法第41条の3の5第3項（令和6年分の所得税に係る予定納税に係る特別控除の額の控除）に規定する予定納税特別控除額を控除した金額」と、「第一期及び第二期」とあるのは「第一期又は第二期」と、同条第2項中「申告納税見積額が」とあるのは「申告納税見積額から租税特別措置法第41条の3の6第6項に規定する減額の承認に係る予定納税特別控除額を控除した金額が」と、同項第1号中「（前項」とあるのは「から租税特別措置法第41条の3の5第3項に規定する予定納税特別控除額を控除した金額（前項」と、「申告納	

省　　　令	付　記　事　項

法　　律	政　　令
税見積額」とあるのは「申告納税見積額から同法第41条の3の6第6項に規定する減額の承認に係る予定納税特別控除額を控除した金額」と、同項第2号中「予定納税基準額」とあるのは「予定納税基準額から租税特別措置法第41条の3の5第3項に規定する予定納税特別控除額を控除した金額」として、同条の規定を適用することができる。 2　前項の規定の適用がある場合における所得税法第113条の規定の適用については、同条第1項中「という。）」とあるのは「という。）及び減額の承認に係る予定納税特別控除額（租税特別措置法第41条の3の6第6項（令和6年分の所得税の予定納税額の減額の承認の申請の特例）に規定する減額の承認に係る予定納税特別控除額をいう。以下この条において同じ。）」と、「若しくは申告納税見積額」とあるのは「若しくは申告納税見積額及び減額の承認に係る予定納税特別控除額」と、同条第2項各号中「申告納税見積額が」とあるのは「申告納税見積額から減額の承認に係る予定納税特別控除額を控除した金額が」と、「予定納税基準額又は申告納税見積額」とあるのは「予定納税基準額から租税特別措置法第41条の3の5第3項（令和6年分の所得税に係る予定納税に係る特別控除の額の控除）に規定する予	

省　　　令	付　記　事　項

法　　　律	政　　　令
定納税特別控除額を控除した金額又は申告納税見積額から減額の承認に係る予定納税特別控除額を控除した金額」と、同条第3項中「その認めた申告納税見積額及び当該申告納税見積額」とあるのは「その認めた申告納税見積額及び減額の承認に係る予定納税特別控除額並びにこれらの金額」と、「その定めた申告納税見積額及び当該申告納税見積額」とあるのは「その定めた申告納税見積額及び減額の承認に係る予定納税特別控除額並びにこれらの金額」と、同条第4項中「申告納税見積額」とあるのは「申告納税見積額から減額の承認に係る予定納税特別控除額を控除した金額」と、「予定納税基準額を」とあるのは「予定納税基準額から租税特別措置法第41条の3の5第3項に規定する予定納税特別控除額を控除した金額を」とする。 3　令和6年分の所得税につき第41条の3の4第2号の規定により読み替えて適用される所得税法第111条第1項の規定による申請をした居住者が同項の承認を受けた場合における同法第114条第1項の規定の適用については、次に定めるところによる。 　一　第一期において納付すべき予定納税額は、所得税法第114条第1項に規定する3分の1に相当する金額から予定納税特別控除額（前条第3項に規定する予定納税特別	

省　　　令	付　記　事　項

法　　　律	政　　　令
控除額をいう。第5項において同じ。）（第1項の規定の適用がある場合には、減額の承認に係る予定納税特別控除額）を控除した金額に相当する金額（第1項に規定する合計所得金額が1805万円を超えると見込まれる場合には、当該3分の1に相当する金額）とする。この場合において、当該減額の承認に係る予定納税特別控除額が当該3分の1に相当する金額を超えるときは、当該控除をする金額は、当該3分の1に相当する金額とする。 二　前号の場合において、減額の承認に係る予定納税特別控除額を同号の3分の1に相当する金額から控除してもなお控除しきれない金額（以下この号において「控除未済予定納税特別控除額」という。）があるときは、第二期において納付すべき予定納税額は、所得税法第114条第1項に規定する3分の1に相当する金額から当該控除未済予定納税特別控除額を控除した金額に相当する金額とする。この場合において、当該控除未済予定納税特別控除額が当該3分の1に相当する金額を超えるときは、当該控除をする金額は、当該3分の1に相当する金額とする。 4　令和6年分の所得税につき所得税法第111条第2項の規定による申請	

省　　　令	付　記　事　項

法　　　律	政　　　令
をした同項第1号に掲げる居住者が同項の承認を受けた場合における同法第114条第2項の規定の適用については、第二期において納付すべき予定納税額は、次の各号に掲げる場合の区分に応じ当該各号に定める金額とする。 一　第1項の規定により減額の承認に係る予定納税特別控除額を第41条の3の4第1号の規定により読み替えて適用される所得税法第104条第1項の規定により第一期において納付すべき所得税の額に相当する金額（以下この号において「控除前第一期予定納税額」という。）から控除してもなお控除しきれない金額その他の**財務省令**で定める金額（以下この号において「控除未済等予定納税特別控除額」という。）がある場合　同法第114条第2項の申告納税見積額から控除前第一期予定納税額除額を控除した金額の2分の1に相当する金額から当該控除未済等予定納税特別控除額（当該控除未済等予定納税特別控除額が当該2分の1に相当する金額を超える場合には、当該2分の1に相当する金額）を控除した金額に相当する金額 二　前号に掲げる場合以外の場合　同号の2分の1に相当する金額 5　令和6年分の所得税につき所得税	

省　　　　令	付　記　事　項
（令和6年分の所得税の予定納税額の減額の承認の申請の特例） 第18条の23の4　法第41条の3の6第4項第1号に規定する財務省令で定める金額は、第二期（所得税法第104条第1項に規定する第二期をいう。以下この条において同じ。）において法第41条の3の6第1項の規定の適用がある場合における減額の承認に係る予定納税特別控除額（同条第6項に規定する減額の承認に係る予定納税特別控除額をいう。以下この条において同じ。）（第一期（法第41条の3の4第1号の規定により読み替えて適用される所得税法第104条第1項に規定する第一期をいう。以下この条において同じ。）及	

法　　律	政　　令
法第111条第2項の規定による申請をした同項第2号に掲げる居住者が同項の承認を受けた場合における同法第114条第3項の規定の適用については、第二期において納付すべき予定納税額は、同項に規定する2分の1に相当する金額から予定納税特別控除額（第1項の規定の適用がある場合には、減額の承認に係る予定納税特別控除額）（当該減額の承認に係る予定納税特別控除額が当該2分の1に相当する金額を超える場合には、当該2分の1に相当する金額）を控除した金額に相当する金額（第1項に規定する合計所得金額が1805万円を超えると見込まれる場合には、当該2分の1に相当する金額）とする。 6　第1項及び前3項に規定する減額の承認に係る予定納税特別控除額とは、第41条の3の4第2号の規定により読み替えて適用される所得税法第111条第1項又は第2項の規定による申請に係る同条第4項に規定する申告納税見積額の計算の基準となる日の現況による第41条の3の3第2項に規定する令和6年分特別税額控除額の見積額をいう。 　**（令和6年6月以後に支払われる給与等に係る特別控除の額の控除等）** **第41条の3の7**　令和6年6月1日において給与等（所得税法第183条第	

— 128 —

省　　令	付　記　事　項
び第二期において法第41条の３の６第１項の規定の適用がなく、かつ、第一期において法第41条の３の５第１項の規定の適用を受けていない場合には、予定納税特別控除額（同条第３項に規定する予定納税特別控除額をいう。以下この条において同じ。）に相当する金額）から、第一期において法第41条の３の６第４項第１号に規定する控除前第一期予定納税額から控除することができた予定納税特別控除額（第一期において、同条第１項の規定の適用がある場合には減額の承認に係る予定納税特別控除額とし、同項及び法第41条の３の５第１項の規定の適用を受けていない場合には零とする。）に係る金額を控除した金額（当該金額が零に満たない場合及び法第41条の３の６第４項の居住者の令和６年分の所得税に係るその年の合計所得金額（所得税法第２条第１項第30号の合計所得金額をいう。）が1805万円を超えると見込まれる場合には、零）とする。 **（令和６年６月以後に支払われる給与等に係る特別控除の額の控除等）** **第18条の23の５**　法第41条の３の７第５項に規定する財務省令で定める事	

法　　　　律	政　　　令
1項に規定する給与等をいう。以下この条及び次条において同じ。）の支払者から主たる給与等（給与所得者の扶養控除等申告書（同法第194条第8項に規定する給与所得者の扶養控除等申告書をいう。第3項第1号及び第2号並びに次条第2項第2号において同じ。）の提出の際に経由した給与等の支払者から支払を受ける給与等をいう。以下この項及び次項において同じ。）の支払を受ける者である**居住者**の同日以後最初に当該支払者から支払を受ける同年中の主たる給与等（同年分の所得税に係るものに限り、同法第190条の規定の適用を受けるものを除く。次項及び第5項において「第一回目控除適用給与等」という。）につき同法第4編第2章第1節の規定により徴収すべき所得税の額は、当該所得税の額に相当する金額（以下この項及び次項において「第一回目控除適用給与等に係る控除前源泉徴収税額」という。）から給与特別控除額を控除した金額に相当する金額とする。この場合において、当該給与特別控除額が当該第一回目控除適用給与等に係る控除前源泉徴収税額を超えるときは、当該控除をする金額は、当該第一回目控除適用給与等に係る控除前源泉徴収税額に相当する金額とする。	
2　前項の場合において、給与特別控	

— 130 —

省　　　令	付　記　事　項
項は、次に掲げる事項とする。 　一　法第41条の３の７第５項に規定 　　する給与等の支払者の氏名又は名 　　称 　二　法第41条の３の７第５項に規定 　　する申告書を提出する居住者（第 　　４号ロにおいて「申告者」とい 　　う。）の氏名及び住所（国内に住 　　所がない場合には、居所。以下こ 　　の項、次条第１項及び第18条の23 　　の７第２項において同じ。） 　三　法第41条の３の７第３項第３号 　　又は第４号に掲げる者に係る同項 　　に規定する給与特別控除額につい 　　て同条第１項又は第２項の規定の 　　適用を受けようとする旨 　四　次に掲げる場合の区分に応じそ 　　れぞれ次に定める事項 　　イ　法第41条の３の７第３項第３ 　　　号に掲げる者に係る同項に規定 　　　する給与特別控除額について同 　　　条第１項又は第２項の規定の適 　　　用を受けようとする場合同号に 　　　規定する同一生計配偶者の氏名、 　　　生年月日、住所及び個人番号 　　　（個人番号を有しない者にあっ 　　　ては、氏名、生年月日及び住 　　　所）並びにその所得税法第２条 　　　第１項第30号の合計所得金額 　　　（ロ、次条第１項第３号及び第 　　　18条の23の７第２項第３号にお 　　　いて「合計所得金額」という。） 　　　の見積額	

法　　　律	政　　　令
除額を第一回目控除適用給与等に係る控除前源泉徴収税額から控除してもなお控除しきれない金額（以下この項において「第一回目控除未済給与特別控除額」という。）があるときは、当該第一回目控除未済給与特別控除額を、前項の居住者が第一回目控除適用給与等の支払を受けた日後に当該第一回目控除適用給与等の支払者から支払を受ける令和6年中の主たる給与等（同年分の所得税に係るものに限り、所得税法第190条の規定の適用を受けるものを除く。以下この項において「第二回目以降控除適用給与等」という。）につき同法第4編第2章第1節の規定により徴収すべき所得税の額に相当する金額（以下この項において「第二回目以降控除適用給与等に係る控除前源泉徴収税額」という。）から順次控除（それぞれの第二回目以降控除適用給与等に係る控除前源泉徴収税額に相当する金額を限度とする。）をした金額に相当する金額をもって、それぞれの第二回目以降控除適用給与等につき同節の規定により徴収すべき所得税の額とする。 3　前2項に規定する給与特別控除額は、**3万円（次に掲げる者がある場合には、3万円にこれらの者1人につき3万円を加算した金額）とする。** 　一　給与所得者の扶養控除等申告書に記載された源泉控除対象配偶者	

省　　令	付　記　事　項
ロ　法第41条の3の7第3項第4号に掲げる者に係る同項に規定する給与特別控除額について同条第1項又は第2項の規定の適用を受けようとする場合同号に規定する扶養親族の氏名、生年月日、住所、個人番号及び申告者との続柄（個人番号を有しない者にあっては、氏名、生年月日、住所及び申告者との続柄）並びにその合計所得金額の見積額 五　その他参考となるべき事項 2　法第41条の3の7第5項に規定する申告書を受理した同項に規定する給与等の支払者は、当該申告書（同条第7項の規定の適用により当該給与等の支払者が提供を受けた当該申告書に記載すべき事項を含む。）に、当該給与等の支払者（個人を除く。）の法人番号を付記するものとする。 3　所得税法施行規則第76条の2第5項から第9項までの規定は、法第41条の3の7第9項に規定する給与等の支払者が同項の規定により帳簿を作成する場合について、同令第76条の3の規定は、法第41条の3の7第5項に規定する給与等の支払者がその給与等の支払を受ける居住者から受理した同項に規定する申告書の保存について、それぞれ準用する。この場合において、同令第76条の2第5項第1号中「法第198条第4項各	

法　　律	政　　令
（所得税法第2条第1項第33号の4に規定する源泉控除対象配偶者をいい、居住者に限る。第41条の3の9第3項第1号において同じ。）で合計所得金額の見積額が48万円以下である者 二　給与所得者の扶養控除等申告書に記載された控除対象扶養親族（所得税法第2条第1項第34号の2に規定する控除対象扶養親族をいい、居住者に限る。次条第2項第2号及び第41条の3の9第3項第2号において同じ。） 三　第5項に規定する申告書に記載された同一生計配偶者（第1号に掲げる者を除く。） 四　第5項に規定する申告書に記載された扶養親族（第2号に掲げる者を除く。） 4　第1項又は第2項の規定の適用がある場合における所得税法その他の所得税に関する法令の規定の適用については、第1項又は第2項の規定による控除をした後の金額に相当する金額は、それぞれ所得税法第4編第2章第1節の規定により徴収すべき所得税の額とみなす。 5　給与等の支払を受ける第1項の居住者は、第一回目控除適用給与等の支払を受ける日までに、第3項第3号又は第4号に掲げる者に係る同項に規定する給与特別控除額について**第1項又は第2項の規定の適用を受**	

省　　　令	付　記　事　項
号に掲げる申告書」とあるのは「租税特別措置法第41条の3の7第5項（令和6年6月以後に支払われる給与等に係る特別控除の額の控除等）に規定する申告書（次項及び第7項において「給与特別控除額に係る申告書」という。）、同法第41条の3の12第1項（年末調整に係る所得金額調整控除）に規定する申告書又は法第198条第4項各号に掲げる申告書」と、「同項に規定する源泉控除対象配偶者等」とあるのは「租税特別措置法第41条の3の7第3項第3号又は第4号に掲げる者」と、同条第6項中「法第198条第4項」とあるのは「租税特別措置法第41条の3の7第9項」と、「同項に規定する扶養控除等申告書（次項において「扶養控除等申告書」という。）」とあるのは「給与特別控除額に係る申告書」と、同条第7項中「法第198条第4項」とあるのは「租税特別措置法第41条の3の7第9項」と、「扶養控除等申告書」とあるのは「給与特別控除額に係る申告書」と、同令第76条の3中「法第194条から第196条まで（給与所得者の源泉徴収に関する申告書）」とあるのは「租税特別措置法第41条の3の7第5項（令和6年6月以後に支払われる給与等に係る特別控除の額の控除等）」と、「これらの規定による申告書」とあるのは「同項に規定する申告書」と、	

法　　　律	政　　　令
けようとする旨、これらの者の氏名及び個人番号（個人番号を有しない者にあっては、氏名）その他の財務省令で定める事項を記載した申告書を、第1項の給与等の支払者を経由して、その給与等に係る所得税の所得税法第17条の規定による納税地（同法第18条第2項の規定による指定があった場合には、その指定をされた納税地。次条第4項において同じ。）の所轄税務署長に提出することができる。 6　前項の場合において、同項に規定する申告書をその提出の際に経由すべき給与等の支払者が受け取ったときは、当該申告書は、その受け取った日に同項に規定する税務署長に提出されたものとみなす。 7　給与等の支払を受ける第1項の居住者は、第5項に規定する申告書の提出の際に経由すべき給与等の支払者が所得税法第198条第2項に規定する政令で定める要件を満たす場合には、当該申告書の提出に代えて、当該給与等の支払者に対し、当該申告書に記載すべき事項を電磁的方法（同項に規定する電磁的方法をいう。）により提供することができる。この場合においては、同項後段の規定を準用する。 8　前項の規定の適用がある場合における第6項の規定の適用については、同項中「申告書を」とあるのは「申	

省　　　令	付　記　事　項
「（法第198条第2項（給与所得者の源泉徴収に関する申告書の提出時期等の特例））」とあるのは「（同条第7項」と、「、これらの規定」とあるのは「、同法第41条の3の7第5項」と、同条ただし書中「これらの規定に規定する提出期限の属する年（法第195条第1項（従たる給与についての扶養控除等申告書）の規定による申告書（法第198条第2項の規定の適用により当該給与等の支払者が提供を受けた当該申告書に記載すべき事項を含む。）にあっては、当該申告書を法第195条第1項に規定する従たる給与等の支払者が受理した日（法第198条第2項の規定の適用がある場合には、当該申告書に記載すべき事項を当該従たる給与等の支払者が提供を受けた日）の属する年）」とあるのは「同項に規定する提出期限の属する年」と読み替えるものとする。	
4　法第41条の3の7第5項の規定の適用がある場合における所得税法施行規則第76条の2の規定及び第18条の23の8の規定の適用については、同令第76条の2第5項第1号中「法第198条第4項各号に掲げる申告書」とあるのは「法第198条第4項各号に掲げる申告書又は租税特別措置法第41条の3の7第5項（令和6年6月以後に支払われる給与等に係る特別控除の額の控除等）に規定する申	

法　　　律	政　　　令
告書に記載すべき事項を」と、「受け取った」とあるのは「提供を受けた」とする。 9　第5項に規定する申告書の提出を受ける同項の給与等の支払者が、**財務省令**で定めるところにより、当該申告書に記載されるべき第3項第3号又は第4号に掲げる者の氏名及び個人番号その他の事項を記載した帳簿（当該申告書の提出の前に、これらの者に係る第1項の居住者から所得税法第198条第4項各号に掲げる申告書その他**財務省令**で定める申告書の提出を受けて作成されたものに限る。）を備えているときは、その居住者は、第5項の規定にかかわらず、当該給与等の支払者に提出する同項に規定する申告書には、当該帳簿に記載されている個人番号の記載を要しないものとする。ただし、当該申告書に記載されるべき氏名又は個人番号が当該帳簿に記載されているこれらの者の氏名又は個人番号と異なるときは、この限りでない。 10　第5項の規定の適用がある場合における所得税法第198条第4項の規定及び第41条の3の12第6項の規定の適用については、同法第198条第4項中「次に掲げる申告書」とあるのは「次に掲げる申告書又は租税特別措置法第41条の3の7第5項（令和6年6月以後に支払われる給与等に係る特別控除の額の控除等）に規	

省　　　令	付　記　事　項
告書」と、「同項」とあるのは「法第198条第4項」と、第18条の23の8第3項中「申告書」とあるのは「租税特別措置法」とあるのは「申告書」とあるのは「租税特別措置法第41条の3の7第5項（令和6年6月以後に支払われる給与等に係る特別控除の額の控除等）に規定する申告書、同法」とする。 5　法第41条の3の7第9項に規定する財務省令で定める申告書は、同条第5項に規定する申告書及び法第41条の3の12第1項に規定する申告書とする。	

法　　　律	政　　　令
定する申告書」と、第41条の3の12 第6項中「又は所得税法第198条第 4項各号に掲げる申告書」とあるの は「、所得税法第198条第4項各号 に掲げる申告書又は第41条の3の7 第5項に規定する申告書」とする。 11　給与等の支払を受ける第1項の居 住者が、令和6年中の地方税法（昭 和25年法律第226号）第45条の2第 1項に規定する給与につき同法第45 条の3の2第1項又は第317条の3 の2第1項の**規定により提出する申 告書**（同法第45条の3の2第3項又 は第317条の3の2第3項の規定に より提出する申告書を含み、**扶養親 族**（第3項第2号に掲げる者を除く。 以下この項において同じ。）**につい て記載があるものに限る。**以下この 項及び次項において「地方税法の規 定に基づく給与所得者の扶養親族等 申告書」という。）**をその給与等の 支払者に提出**（地方税法の規定に基 づく給与所得者の扶養親族等申告書 の提出に代えて行う同法第45条の3 の2第5項又は第317条の3の2第 5項に規定する電磁的方法による当 該地方税法の規定に基づく給与所得 者の扶養親族等申告書に記載すべき 事項の提供を含む。）**をした場合に は、この条の規定の適用については、 当該地方税法の規定に基づく給与所 得者の扶養親族等申告書が当該提出 をされた日**（当該提出をされた日が	

省　　　令	付　記　事　項

法　　　　律	政　　　令
同年 6 月 1 日前である場合には、同日）に当該扶養親族について記載がある第 5 項に規定する申告書が提出をされたものとみなす。ただし、当該提出をされた日前に当該申告書が提出（当該申告書の提出に代えて行う第 7 項に規定する電磁的方法による当該申告書に記載すべき事項の提供を含む。）をされた場合は、この限りでない。 12　前項本文の場合には、同項の地方税法の規定に基づく給与所得者の扶養親族等申告書に記載された事項のうち第 5 項に規定する事項に相当するものは、同項に規定する申告書に記載されたものとみなす。 　（令和 6 年における年末調整に係る特別控除の額の控除等） 第41条の 3 の 8 　居住者の令和 6 年中に支払の確定した給与等に対する所得税法第190条の規定の適用については、同条第 2 号に掲げる税額は、当該税額に相当する金額から年末調整特別控除額を控除した金額に相当する金額とする。ただし、その者のその年分の所得税に係るその年の合計所得金額の見積額が1805万円を超える場合については、この限りでない。 　2　前項に規定する年末調整特別控除額は、3 万円（次に掲げる者がある場合には、3 万円にこれらの者 1 人	

666

省　　令	付　記　事　項
（令和6年における年末調整に係る特別控除の額の控除等） 第18条の23の6　法第41条の3の8第4項に規定する財務省令で定める事項は、次に掲げる事項とする。 　一　法第41条の3の8第4項に規定する給与等の支払者の氏名又は名称 　二　法第41条の3の8第4項に規定する申告書を提出する居住者（次号ロにおいて「申告者」という。）の氏名及び住所 　三　次に掲げる場合の区分に応じそれぞれ次に定める事項 　　イ　法第41条の3の8第2項第3号に掲げる者に係る同項に規定	〔法律41条の3の7第12項〕 　扶養控除等申告書の「住民税に関する事項」の各欄には合計所得金額の記載欄がありません。 　そうすると、扶養控除等申告書には同法第5項に規定する事項の記載とみなされるものの中に合計所得金額は含まれていないことになるので、これを補記する必要があると思われます。

法　　　律	政　　　令
につき３万円を加算した金額）とする。 この場合において、当該金額が令和６年中に支払の確定した給与等につき所得税法第190条の規定（第41条の２の２の規定その他財務省令で定める規定の適用がある場合には、これらの規定を含む。）を適用して求めた同法第190条第２号に掲げる税額を超える場合には、年末調整特別控除額は、当該税額に相当する金額とする。 　一　所得税法第195条の２第３項に規定する給与所得者の配偶者控除等申告書に記載された控除対象配偶者（同法第２条第１項第33号の２に規定する控除対象配偶者をいい、居住者に限る。） 　二　給与所得者の扶養控除等申告書に記載された控除対象扶養親族 　三　第４項に規定する申告書に記載された同一生計配偶者（第１号に掲げる者を除く。） 　四　第４項に規定する申告書に記載された扶養親族（第２号に掲げる者を除く。） ３　第１項の規定の適用がある場合における所得税法第２条第１項第45号の規定の適用については、同号中「第６章まで（源泉徴収）」とあるのは、「第６章まで（源泉徴収）及び租税特別措置法第41条の３の８第１項（令和６年における年末調整に係る特別控除の額の控除等）」とす	

省　　　令	付　記　事　項
する年末調整特別控除額について同条第1項の規定の適用を受けようとする場合同号に規定する同一生計配偶者の氏名、生年月日、住所及び個人番号（個人番号を有しない者にあっては、氏名、生年月日及び住所）並びにその合計所得金額の見積額 ロ　法第41条の3の8第2項第4号に掲げる者に係る同項に規定する年末調整特別控除額について同条第1項の規定の適用を受けようとする場合同号に規定する扶養親族の氏名、生年月日、住所、個人番号及び申告者との続柄（個人番号を有しない者にあっては、氏名、生年月日、住所及び申告者との続柄）並びにその合計所得金額の見積額 四　その他参考となるべき事項 2　法第41条の3の8第4項に規定する申告書を受理した同項に規定する給与等の支払者は、当該申告書（同条第6項において準用する法第41条の3の7第7項の規定の適用により当該給与等の支払者が提供を受けた当該申告書に記載すべき事項を含む。）に、当該給与等の支払者（個人を除く。）の法人番号を付記するものとする。 3　所得税法施行規則第76条の2第5項から第9項までの規定は、法第41条の3の8第4項に規定する給与等	

法　　　律	政　　　令
る。 4　国内において給与等の支払を受ける居住者は、所得税法第190条に規定する過不足の額の計算上、第2項第3号又は第4号に掲げる者に係る同項に規定する年末調整特別控除額について第1項の規定の適用を受けようとする場合には、その給与等の支払者（2以上の給与等の支払者から給与等の支払を受ける場合には、主たる給与等の支払者）からその年最後に給与等の支払を受ける日までに、当該第2項第3号又は第4号に掲げる者の氏名及び個人番号（個人番号を有しない者にあっては、氏名）その他の**財務省令**で定める事項を記載した申告書を、当該給与等の支払者を経由して、その給与等に係る所得税の同法第17条の規定による納税地の所轄税務署長に提出しなければならない。 5　前項の規定の適用がある場合における所得税法第198条第4項の規定及び第41条の3の12第6項の規定の適用については、同法第198条第4項中「次に掲げる申告書」とあるのは「次に掲げる申告書又は租税特別措置法第41条の3の8第4項（令和6年における年末調整に係る特別控除の額の控除等）に規定する申告書」と、第41条の3の12第6項中「又は所得税法第198条第4項各号に掲げる申告書」とあるのは「、所得	

省　　　令	付　記　事　項
の支払者が同条第6項において準用する法第41条の3の7第9項の規定により帳簿を作成する場合について、同令第76条の3の規定は、法第41条の3の8第4項に規定する給与等の支払者がその給与等の支払を受ける居住者から受理した同項に規定する申告書の保存について、それぞれ準用する。この場合において、同令第76条の2第5項第1号中「法第198条第4項各号に掲げる申告書」とあるのは「租税特別措置法第41条の3の7第5項（令和6年6月以後に支払われる給与等に係る特別控除の額の控除等）に規定する申告書、同法第41条の3の12第1項（年末調整に係る所得金額調整控除）に規定する申告書又は法第198条第4項各号に掲げる申告書」と、「同項に規定する源泉控除対象配偶者等」とあるのは「租税特別措置法第41条の3の8第2項第3号又は第4号（令和6年における年末調整に係る特別控除の額の控除等）に掲げる者」と、同条第6項中「法第198条第4項」とあるのは「租税特別措置法第41条の3の8第6項において準用する同法第41条の3の7第9項」と、「同項に規定する扶養控除等申告書（次項において「扶養控除等申告書」という。）」とあるのは「同法第41条の3の8第4項に規定する申告書（次項において「年末調整特別控除額に	

法　　　　律	政　　　令
税法第198条第4項各号に掲げる申告書又は第41条の3の8第4項に規定する申告書」とする。 6　前条第6項から第9項までの規定は、第4項に規定する申告書の提出について準用する。 7　国内において給与等の支払を受ける居住者が、令和6年中の地方税法第45条の2第1項に規定する給与につき同法第45条の3の2第1項又は第317条の3の2第1項の規定により提出する申告書（同法第45条の3の2第3項又は第317条の3の2第3項の規定により提出する申告書を含み、扶養親族（第2項第2号に掲げる者を除く。以下この項において同じ。）について記載があるものに限る。以下この項及び次項において「地方税法の規定に基づく給与所得者の扶養親族等申告書」という。）をその給与等の支払者に提出（地方税法の規定に基づく給与所得者の扶養親族等申告書の提出に代えて行う同法第45条の3の2第5項又は第317条の3の2第5項に規定する電磁的方法による当該地方税法の規定に基づく給与所得者の扶養親族等申告書に記載すべき事項の提供を含む。）をした場合には、この条の規定の適用については、当該地方税法の規定に基づく給与所得者の扶養親族等申告書が当該提出をされた日（当該提出をされた日が同年6月1	

省　　　令	付 記 事 項
係る申告書」という。）」と、同条第7項中「法第198条第4項」とあるのは「租税特別措置法第41条の3の8第6項において準用する同法第41条の3の7第9項」と、「扶養控除等申告書」とあるのは「年末調整特別控除額に係る申告書」と、同令第76条の3中「法第194条から第196条まで（給与所得者の源泉徴収に関する申告書）」とあるのは「租税特別措置法第41条の3の8第4項（令和6年における年末調整に係る特別控除の額の控除等）」と、「これらの規定による申告書」とあるのは「同項に規定する申告書」と、「（法第198条第2項（給与所得者の源泉徴収に関する申告書の提出時期等の特例）」とあるのは「（同条第6項において準用する同法第41条の3の7第7項（令和6年6月以後に支払われる給与等に係る特別控除の額の控除等）」と、「、これらの規定」とあるのは「、同法第41条の3の8第4項」と、同条ただし書中「これらの規定に規定する提出期限の属する年（法第195条第1項（従たる給与についての扶養控除等申告書）の規定による申告書（法第198条第2項の規定の適用により当該給与等の支払者が提供を受けた当該申告書に記載すべき事項を含む。）にあっては、当該申告書を法第195条第1項に規定する従たる給与等の支払者が	

法　　　　律	政　　　令
日前である場合には、同日）に当該扶養親族について記載がある第4項に規定する申告書が提出をされたものとみなす。ただし、当該提出をされた日前に当該申告書が提出（当該申告書の提出に代えて行う前項において準用する前条第7項に規定する電磁的方法による当該申告書に記載すべき事項の提供を含む。）をされた場合は、この限りでない。 8　前項本文の場合には、同項の地方税法の規定に基づく給与所得者の扶養親族等申告書に記載された事項のうち第4項に規定する事項に相当するものは、同項に規定する申告書に記載されたものとみなす。 9　国内において給与等の支払を受ける居住者で第1項の規定の適用を受けようとする者（同項の給与等に係る所得税法第195条の3第2項に規定する給与所得者の基礎控除申告書をその給与等の支払者に提出（当該給与所得者の基礎控除申告書の提出に代えて行う同法第198条第2項に規定する電磁的方法による当該給与所得者の基礎控除申告書に記載すべき事項の提供を含む。）をした当該居住者その他の財務省令で定める者を除く。）は、その給与等の支払者（二以上の給与等の支払者から給与等の支払を受ける場合には、主たる給与等の支払者）からその年最後に給与等の支払を受ける日までに、当	

省　　　令	付　記　事　項
受理した日（法第198条第2項の規定の適用がある場合には、当該申告書に記載すべき事項を当該従たる給与等の支払者が提供を受けた日）の属する年）」とあるのは「同項に規定する提出期限の属する年」と読み替えるものとする。 4　法第41条の3の8第4項の規定の適用がある場合における所得税法施行規則第76条の2の規定及び第18条の23の8の規定の適用については、同令第76条の2第5項第1号中「法第198条第4項各号に掲げる申告書」とあるのは「法第198条第4項各号に掲げる申告書又は租税特別措置法第41条の3の8第4項（令和6年における年末調整に係る特別控除の額の控除等）に規定する申告書」と、「同項」とあるのは「法第198条第4項」と、第18条の23の8第3項中「申告書」とあるのは「租税特別措置法」とあるのは「申告書」とあるのは「租税特別措置法第41条の3の8第4項（令和6年における年末調整に係る特別控除の額の控除等）に規定する申告書、同法」とする。 5　法第41条の3の8第6項において準用する法第41条の3の7第9項に規定する財務省令で定める申告書は、同条第5項に規定する申告書及び法第41条の3の12第1項に規定する申告書とする。 6　法第41条の3の8第9項に規定す	〔法律41条の3の8第8項〕 　上記（143ページ）の付記事項と同様

法　　　律	政　　　令
該給与等の支払者に対し、第1項の合計所得金額の見積額を通知しなければならない。	

省　　令	付　記　事　項
る財務省令で定める者は、同項に規定する居住者で次に掲げる者とする。 一　法第41条の3の8第1項に規定する給与等（以下この項において「給与等」という。）に係る所得税法第195条の2第3項に規定する給与所得者の配偶者控除等申告書をその給与等の支払者に提出（当該給与所得者の配偶者控除等申告書の提出に代えて行う同法第198条第2項に規定する電磁的方法による当該給与所得者の配偶者控除等申告書に記載すべき事項の提供を含む。）をした居住者 二　給与等に係る所得税法第195条の3第2項に規定する給与所得者の基礎控除申告書をその給与等の支払者に提出（当該給与所得者の基礎控除申告書の提出に代えて行う同法第198条第2項に規定する電磁的方法による当該給与所得者の基礎控除申告書に記載すべき事項の提供を含む。）をした居住者 三　給与等に係る法第41条の2の2第1項に規定する申告書をその給与等の支払者に提出（当該申告書の提出に代えて行う同条第4項に規定する電磁的方法による当該申告書に記載すべき事項の提供を含む。）をした居住者	

法　　律	政　　令
（令和6年6月以後に支払われる公的年金等に係る特別控除の額の控除等） 第41条の3の9　所得税法第35条第3項に規定する公的年金等で**政令**で定めるもの（以下この項、次項及び第5項において「**特定公的年金等**」という。）の支払を受ける者である**居住者**の令和6年6月1日以後最初に当該特定公的年金等の支払者から支払を受ける同年分の所得税に係る特定公的年金等で**政令**で定めるもの（次項において「第一回目控除適用公的年金等」という。）につき同法第4編第3章の2の規定により徴収すべき所得税の額は、当該所得税の額に相当する金額（以下この項及び次項において「第一回目控除適用公的年金等に係る控除前源泉徴収税額」という。）から年金特別控除額を控除した金額に相当する金額とする。この場合において、当該年金特別控除額が当該第一回目控除適用公的年金等に係る控除前源泉徴収税額を超えるときは、当該控除をする金額は、当該第一回目控除適用公的年金等に係る控除前源泉徴収税額に相当する金額とする。 2　前項の場合において、年金特別控除額を第一回目控除適用公的年金等に係る控除前源泉徴収税額から控除してもなお控除しきれない金額（以下この項において「第一回目控除未済年金特別控除額」という。）があ	（特定公的年金等の範囲等） 第26条の4の5　法第41条の3の9第1項に規定する公的年金等で政令で定めるものは、次に掲げる公的年金等（所得税法第35条第3項に規定する公的年金等をいう。以下この項において同じ。）とする。 一　厚生労働大臣が支給する公的年金等 二　国家公務員共済組合連合会が支給する公的年金等 三　地方公務員共済組合、全国市町村職員共済組合連合会又は地方公務員等共済組合法の一部を改正する法律（平成23年法律第56号）附則第23条第1項第3号に規定する存続共済会が支給する公的年金等 四　日本私立学校振興・共済事業団が支給する公的年金等 五　地方公務員の退職年金に関する条例の規定による退職を給付事由とする公的年金等 六　恩給法（大正12年法律第48号。他の法律において準用する場合を含む。）による公的年金等 七　執行官法の一部を改正する法律（平成19年法律第18号）附則第3条第1項の規定によりなお従前の例により支給されることとされる同法による改正前の執行官法（昭和41年法律第111号）附則第13条の規定による公的年金等 八　国会議員互助年金法を廃止する

省　　　令	付　記　事　項
（令和 6 年 6 月以後に支払われる公的年金等に係る特別控除の額の控除等） 第18条の23の 7　施行令第26条の 4 の 5 第 1 項第 9 号に規定する財務省令で定める公的年金等は、次に掲げる公的年金等（同項に規定する公的年金等をいう。以下この項において同じ。）とする。 　一　厚生年金保険法等の一部を改正する法律（平成 8 年法律第82号）附則第32条第 2 項に規定する存続組合又は同法附則第48条第 1 項に規定する指定基金が支給する同法附則第33条第 1 項に規定する特例年金給付である公的年金等 　二　総務大臣が外国人（日本国政府又はその機関との契約に基づき勤務した外国人が退職した場合におけるその勤務した期間が17年以上であり、かつ、その勤務した期間における功績が顕著であると総務大臣が認めた当該外国人に限る。）に支給する終身の年金である公的年金等 2　法第41条の 3 の 9 第 6 項に規定する財務省令で定める事項は、次に掲げる事項とする。 　一　法第41条の 3 の 9 第 5 項に規定する特定公的年金等の支払者の氏名又は名称 　二　法第41条の 3 の 9 第 5 項に規定する地方税法の規定に基づく公的年金等受給者の扶養親族等申告書	〔政令26条の 4 の 5 〕 　法律41条の 3 の 9 に規定する「特定公的年金等」の範囲を定めています。

法　　　律	政　　　令
るときは、当該第一回目控除未済年金特別控除額を、前項の居住者が第一回目控除適用公的年金等の支払を受けた日後に当該第一回目控除適用公的年金等の支払者から支払を受ける令和6年分の所得税に係る特定公的年金等で政令で定めるもの（以下この項において「第二回目以降控除適用公的年金等」という。）につき所得税法第4編第3章の2の規定により徴収すべき所得税の額に相当する金額（以下この項において「第二回目以降控除適用公的年金等に係る控除前源泉徴収税額」という。）から順次控除（それぞれの第二回目以降控除適用公的年金等に係る控除前源泉徴収税額に相当する金額を限度とする。）をした金額に相当する金額をもって、それぞれの第二回目以降控除適用公的年金等につき同章の規定により徴収すべき所得税の額とする。 3　前2項に規定する年金特別控除額は、**3万円（次に掲げる者がある場合には、3万円にこれらの者1人につき3万円を加算した金額）**とする。 一　公的年金等の受給者の扶養親族等申告書（所得税法第203条の6第8項に規定する公的年金等の受給者の扶養親族等申告書をいう。次号において同じ。）に記載された源泉控除対象配偶者で合計所得金額の見積額が48万円以下である	法律（平成18年法律第1号）又は同法附則第2条第1項の規定によりなおその効力を有するものとされた同法による廃止前の国会議員互助年金法（昭和33年法律第70号）による公的年金等 九　前各号に掲げるもののほか、財務省令で定める公的年金等 2　法第41条の3の9第1項及び第2項に規定する特定公的年金等で政令で定めるものは、**令和7年1月31日までに支払を受ける同条第1項に規定する特定公的年金等**とする。

省　　令	付　記　事　項
を提出する居住者（次号において「申告者」という。）の氏名及び住所 三　法第41条の3の9第6項に規定する扶養親族の氏名、生年月日、住所、個人番号及び申告者との続柄（個人番号を有しない者にあっては、氏名、生年月日、住所及び申告者との続柄）並びにその合計所得金額の見積額 四　その他参考となるべき事項	

法　　　律	政　　　令
者 　二　公的年金等の受給者の扶養親族 　　　等申告書に記載された控除対象扶 　　　養親族 4　第1項又は第2項の規定の適用が 　ある場合における所得税法その他の 　所得税に関する法令の規定の適用に 　ついては、第1項又は第2項の規定 　による控除をした後の金額に相当す 　る金額は、それぞれ所得税法第4編 　第3章の2の規定により徴収すべき 　所得税の額とみなす。 5　特定公的年金等の支払を受ける第 　1項の居住者が、令和6年中の地方 　税法第45条の3の3第1項に規定す 　る公的年金等につき同項又は同法第 　317条の3の3第1項の規定により 　提出する申告書（同法第45条の3の 　3第2項又は第317条の3の3第2 　項の規定により提出する申告書を含 　み、扶養親族（第3項第2号に掲げ 　る者を除く。以下この項及び次項に 　おいて同じ。）について記載がある 　ものに限る。以下この項及び次項に 　おいて「地方税法の規定に基づく公 　的年金等受給者の扶養親族等申告 　書」という。）をその特定公的年金 　等の支払者に提出（地方税法の規定 　に基づく公的年金等受給者の扶養親 　族等申告書の提出に代えて行う同法 　第45条の3の3第4項又は第317条 　の3の3第4項に規定する電磁的方 　法による当該地方税法の規定に基づ	

省　　　令	付　記　事　項

法　　　律	政　　　令
く公的年金等受給者の扶養親族等申告書に記載すべき事項の提供を含む。次項において同じ。）をした場合には、当該扶養親族を同号に掲げる者とみなして、この条の規定を適用する。 6　前項の場合には、同項の地方税法の規定に基づく公的年金等受給者の扶養親族等申告書に記載された事項（地方税法第45条の3の3第2項又は第317条の3の3第2項の規定による申告書が提出をされた場合には、これらの規定に規定する記載すべき事項）のうち当該扶養親族の氏名その他財務省令で定める事項は、第3項第1号に規定する公的年金等の受給者の扶養親族等申告書に記載されたものとみなす。 　(政令への委任) **第41条の3の10**　第41条の3の3第3項から第7項まで及び第41条の3の4から前条までに定めるもののほか、一の居住者の配偶者がその居住者の同一生計配偶者に該当し、かつ、他の居住者の扶養親族にも該当する場合その他の場合における同一生計配偶者及び扶養親族の所属の判定に必要な事項、この節の規定の適用がある場合における所得税法その他の法令の規定の技術的読替えその他<u>この節の規定の適用に関し必要な事項は、政令で定める。</u>	

省　　　令	付　記　事　項
	〔法律41条の3の10〕 　委任先（政令26条の4の2〜26条の 4の5）

法　　　律	政　　　令
附則 （施行期日） **第1条**　この法律は、令和6年4月1日から施行する。ただし、次の各号に掲げる規定は、当該各号に定める日から施行する。 一　（省略） 二　次に掲げる規定　令和6年6月1日 　イ　第13条中租税特別措置法の目次の改正規定（「第6節　その他の特例（第41条の3の3－第42条の3）」を「第5節の2　令和6年分における特別税額控除（第41条の3の3－第41条の3の10）　第6節　その他の特例（第41条の3の11－第42条の3）」に改める部分に限る。）、同法第41条の3の4第7項各号の改正規定、同条を同法第41条の3の12とする改正規定、同法第41条の3の3第5項の改正規定、同条第6項の改正規定、同条を同法第41条の3の11とする改正規定、同法第2章第5節の次に1節を加える改正規定及び同法第41条の8第1項第1号イの改正規定並びに附則第34条第1項から第3項まで、第5項及び第6項の規定 　ロ　第20条中東日本大震災からの復興のための施策を実施するために必要な財源の確保に関する	

省　　　令	付　記　事　項
附則 （施行期日） **第1条**　この省令は、令和6年4月1日から施行する。ただし、次の各号に掲げる規定は、当該各号に定める日から施行する。 　一　第18条の14の2第6項第4号の改正規定、第18条の23の3の改正規定、同条を第18条の23の8とする改正規定、第18条の23の2の2の次に5条を加える改正規定及び第19条の9第5項第4号の改正規定　令和6年6月1日 　二　第3条の17第13項の改正規定、第19条の10の3の改正規定及び第19条の10の5の改正規定（同条第2項中「第35条」を「第35条の2」に改める部分を除く。）並びに附則第13条の規定　令和7年4月1日 　三　第2条の5に1項を加える改正規定、第3条の7に1項を加える改正規定、第3条の16に1項を加える改正規定、第4条の4の2第3項の改正規定、第5条の3の2第3項の改正規定、第5条の8第5項第4号の改正規定、第11条の3第14項を同条第17項とし、同項の次に1項を加える改正規定（同項の次に1項を加える部分に限る。）、第18条の10の3第1項第2号の改正規定、第18条の12の2第4項第5号の改正規定、第18条の	

法　　　律	政　　　令
特別措置法第28条第2項の改正 　規定、（以下略）	

（令和6年分における特別税額控除に関する経過措置）

第34条　新租税特別措置法第41条の3の3第5項及び第6項の規定は、令和6年6月1日以後に提出する確定申告書に係る同年分の所得税について適用する。

2　令和6年6月1日前に同年分の所得税につき所得税法第125条又は第127条の規定による確定申告書を提出した者及び同日前に同年分の所得税につき同法第2条第1項第44号に規定する決定を受けた者は、当該確定申告書に記載された事項又は当該決定に係る事項（これらの事項につき同日前に同項第43号に規定する更正があった場合には、その更正後の事項）につき新租税特別措置法第41条の3の3の規定の適用により異動を生ずることとなったときは、その異動を生ずることとなった事項について、同日から5年以内に、税務署長に対し、国税通則法第23条第1項の更正の請求をすることができる。

3　令和6年6月1日から同年12月31日までの間における新租税特別措置法第41条の3の7の規定の適用については、同条第1項中「第194条第8項」とあるのは「第194条第7項」と、同条第11項中「第45条の3の2

省　　令	付　記　事　項
13の5第5項の改正規定、第18条の13の6の改正規定、第18条の13の7の改正規定、第18条の15の9第5項の改正規定、第18条の15の11の改正規定（同条第2項第8号及び第9号に係る部分並びに同条第4項に係る部分を除く。）、第18条の23の2に1項を加える改正規定、第19条の4の改正規定及び第19条の5に1項を加える改正規定　令和8年9月1日 四　第3条の17第2項第1号の改正規定、同条第9項の改正規定及び第18条の19の改正規定並びに次条の規定公益信託に関する法律（令和6年法律第　号）の施行の日 五　第17条の改正規定、第22条の4の改正規定、第31条の2を削る改正規定及び第31条の3を第31条の2とし、同条の次に1条を加える改正規定都市緑地法等の一部を改正する法律（令和6年法律第　号）の施行の日 六　第30条の2第4項の改正規定及び同項を同条第6項とし、同条第3項の次に2項を加える改正規定新たな事業の創出及び産業への投資を促進するための産業競争力強化法等の一部を改正する法律（令和6年法律第　号）の施行の日 七　第30条の3の次に1条を加える改正規定農業の生産性の向上のためのスマート農業技術の活用の促	

法　　　律	政　　　令
第3項又は第317条の3の2第3項」とあるのは「第45条の3の2第2項又は第317条の3の2第2項」と、「第45条の3の2第5項又は第317条の3の2第5項」とあるのは「第45条の3の2第4項又は第317条の3の2第4項」とする。 4　新租税特別措置法第41条の3の7第5項又は第41条の3の8第4項に規定する居住者及びこれらの規定に規定する給与等の支払者は、**令和6年6月1日前においても、**新租税特別措置法第41条の3の7第5項から第10項まで（同条第6項から第9項までの規定を新租税特別措置法第41条の3の8第6項において準用する場合を含む。）並びに第41条の3の8第4項及び第5項の規定の例により、新租税特別措置法第41条の3の7第5項又は第41条の3の8第4項に規定する**申告書の提出その他必要な行為をすることができる。**この場合において、これらの規定の例によりされた**当該申告書の提出は、同日においてこれらの規定により行われたものとみなす。** 5　新租税特別措置法第41条の3の8第1項から第3項までの規定は、令和6年中に支払うべき同条第1項に規定する給与等でその最後に支払をする日が同年6月1日以後であるものについて適用する。 6　令和6年6月1日から同年12月31	

省　　　令	付　記　事　項
進に関する法律（令和6年法律第号）の施行の日	

法　　　律	政　　　令
日までの間における新租税特別措置法第41条の３の８の規定の適用については、同条第７項中「第45条の３の２第３項又は第317条の３の２第３項」とあるのは「第45条の３の２第２項又は第317条の３の２第２項」と、「第45条の３の２第５項又は第317条の３の２第５項」とあるのは「第45条の３の２第４項又は第317条の３の２第４項」とする。	

省　　　令	付　記　事　項

東日本大震災からの復興のための施策を実施するために必要な財源の確保に関する特別措置法（抄）（アンダーライン箇所は著者による。）

（源泉徴収義務等）

第28条 （省略）

2　前項の規定により徴収すべき復興特別所得税の額は、**同項に規定する規定その他の所得税に関する法令の規定により徴収して納付すべき所得税の額**（第33条第１項の規定により読み替えて適用される租税特別措置法第９条の３の２第３項、第41条の３の７第１項若しくは第２項又は第41条の３の９第１項若しくは第２項の規定により控除された金額がある場合には、これらの規定による控除をしないで計算した所得税の額）**に100分の2.1の税率を乗じて計算した金額**とする。

3〜11　（省略）

（年末調整）

第30条　所得税法第190条に規定する給与等の支払者が、同条に規定する居住者に対してその年最後に支払う給与等につき所得税及び復興特別所得税を徴収する場合において、第１号に掲げる合計額が第２号に掲げる合計額に比し過不足があるときは、その超過額は、その年最後に給与等の支払をする際徴収すべき所得税及び復興特別所得税に充当し、その不足額は、その年最後に給与等の支払をする際徴収して当該所得税の法定納期限までに国に納付しなければならない。

一　（省略）

二　所得税法第190条第２号に掲げる税額（租税特別措置法第41条の２の２第１項又は第41条の３の８第１項の規定の適用がある場合には、**これらの規定を適用した後の税額）及び当該税額に100分の2.1を乗じて計算した復興特別所得税の額の合計額**（当該合計額に100円未満の端数があるとき、又は当該合計額の全額が100円未満であるときは、その端数金額又はその全額を切り捨てた金額）

2・3　（省略）

地方税法関係附則（抄）

（令和6年度分の個人の道府県民税及び市町村民税の特別税額控除）

第5条の8　道府県は、令和6年度分の個人の道府県民税に限り、道府県民税に係る令和6年度分特別税額控除額を、前年の合計所得金額が1805万円以下である所得割の納税義務者（以下この条から附則第5条の12までにおいて「特別税額控除対象納税義務者」という。）の第35条、第37条から第37条の4まで、附則第3条の3第2項、附則第5条第1項、附則第5条の4の2第1項、附則第5条の5第1項及び附則第7条の2第1項の規定を適用した場合の所得割の額から控除する。

2　前項の道府県民税に係る令和6年度分特別税額控除額は、第1号に掲げる額と第2号に掲げる額との合計額（以下この項及び第5項において「個人の住民税の所得割の額」という。）が1万円（特別税額控除対象納税義務者が控除対象配偶者又は扶養親族（第34条第8項の規定による判定をするときの現況においてこの法律の施行地に住所を有しない者を除く。以下この項において「控除対象配偶者等」という。）を有する場合には、1万円に当該控除対象配偶者等1人につき1万円を加算した金額）を超える場合には1万円（特別税額控除対象納税義務者が控除対象配偶者等を有する場合には、1万円に当該控除対象配偶者等1人につき1万円を加算した金額）に第1号に掲げる額を個人の住民税の所得割の額で除して得た数値を乗じて得た金額（当該金額に1円未満の端数があるとき、又は当該金額の全額が1円未満であるときは、その端数金額又はその全額を切り上げた金額。第5項において「道府県民税特別税額控除額」という。）とし、個人の住民税の所得割の額が1万円（特別税額控除対象納税義務者が控除対象配偶者等を有する場合には、1万円に当該控除対象配偶者等1人につき1万円を加算した金額）を超えない場合には同号に掲げる額に相当する金額とする。

一　特別税額控除対象納税義務者の第35条、第37条から第37条の4まで、附則第3条の3第2項、附則第5条第1項、附則第5条の4の2第1項、附則第5条の5第1項及び附則第7条の2第1項の規定を適用して計算した場合の所得割の額

二　特別税額控除対象納税義務者の第314条の3、第314条の6から第314条の9まで、附則第3条の3第5項、附則第5条第3項、附則第5条の4の2第5項、附則第5条の5第2項及び附則第7条の2第4項の規定を適用して計算した場合の所得割の額

3　前2項の規定の適用がある場合における第37条の2第11項及び附則第5条

の5第1項の規定の適用については、これらの規定中「所得割の額」とあるのは、「所得割の額（附則第5条の8第1項及び第2項の規定の適用を受ける前のものをいう。）」とする。

4　市町村は、令和6年度分の個人の市町村民税に限り、市町村民税に係る令和6年度分特別税額控除額を、特別税額控除対象納税義務者の第314条の3、第314条の6から第314条の9まで、附則第3条の3第5項、附則第5条第3項、附則第5条の4の2第5項、附則第5条の5第2項及び附則第7条の2第4項の規定を適用した場合の所得割の額から控除する。

5　前項の市町村民税に係る令和6年度分特別税額控除額は、個人の住民税の所得割の額が1万円（特別税額控除対象納税義務者が控除対象配偶者又は扶養親族（第314条の2第8項の規定による判定をするときの現況においてこの法律の施行地に住所を有しない者を除く。以下この項において「控除対象配偶者等」という。）を有する場合には、1万円に当該控除対象配偶者等1人につき1万円を加算した金額）を超える場合には1万円（特別税額控除対象納税義務者が控除対象配偶者等を有する場合には、1万円に当該控除対象配偶者等1人につき1万円を加算した金額）から道府県民税特別税額控除額を控除して得た金額とし、個人の住民税の所得割の額が1万円（特別税額控除対象納税義務者が控除対象配偶者等を有する場合には、1万円に当該控除対象配偶者等1人につき1万円を加算した金額）を超えない場合には第2項第2号に掲げる額に相当する金額とする。

6　前2項の規定の適用がある場合における第314条の7第11項、第321条の7の8第1項及び附則第5条の5第2項の規定の適用については、第314条の7第11項及び附則第5条の5第2項中「所得割の額」とあるのは「所得割の額（附則第5条の8第4項及び第5項の規定の適用を受ける前のものをいう。）」と、第321条の7の8第1項中「課した」とあるのは「附則第5条の8第4項及び第5項の規定の適用がないものとした場合に課すべき」と、「の前々年中」とあるのは「のこれらの規定の適用がないものとした場合における前々年中」と、「、前々年中」とあるのは「、附則第5条の8第4項及び第5項の規定の適用がないものとした場合における前々年中」とする。

（令和6年度分の個人の市町村民税の普通徴収に関する特例）

第5条の9　令和6年度分の個人の市町村民税に限り、第319条の規定により普通徴収の方法によって徴収する個人の市町村民税（第321条の7の2第3項及び第328条の13の規定により徴収するものを除く。以下この項において「普通徴収の個人の市町村民税」という。）の納期が第320条本文の規定により定められている市町村における普通徴収の個人の市町村民税の当該定めら

れている納期における徴収については、次に定めるところによる。

一　特別税額控除対象納税義務者の特別税額控除前の普通徴収に係る個人の市町村民税の額（前条第4項及び第5項の規定の適用がないものとした場合に算出される普通徴収の個人の市町村民税の額をいう。以下この号において同じ。）からその者の普通徴収の個人の市町村民税の額を控除した額（以下この項において「普通徴収の個人の市町村民税に係る特別税額控除額」という。）がその者の特別税額控除前の普通徴収に係る個人の市町村民税の額を四で除して得た金額（当該金額に1000円未満の端数があるとき、又は当該金額の全額が1000円未満であるときは、その端数金額又はその全額を切り捨てた金額。以下この項において「分割金額」という。）に3を乗じて得た金額をその者の特別税額控除前の普通徴収に係る個人の市町村民税の額から控除した残額に相当する金額（以下この項において「6月分金額」という。）に満たない場合には、6月中に定められている納期においてはその者の6月分金額からその者の普通徴収の個人の市町村民税に係る特別税額控除額を控除した残額に相当する税額を、その他のそれぞれの納期においてはその者の分割金額に相当する税額を、それぞれ徴収するものとする。

二　特別税額控除対象納税義務者の普通徴収の個人の市町村民税に係る特別税額控除額がその者の6月分金額以上であり、かつ、その者の6月分金額とその者の分割金額との合計額に満たない場合には、6月中に定められている納期において徴収すべき税額はないものとし、8月中に定められている納期においてはその者の6月分金額とその者の分割金額との合計額からその者の普通徴収の個人の市町村民税に係る特別税額控除額を控除した残額に相当する税額を、10月中に定められている納期及び1月中に定められている納期においてはその者の分割金額に相当する税額を、それぞれ徴収するものとする。

三　特別税額控除対象納税義務者の普通徴収の個人の市町村民税に係る特別税額控除額がその者の6月分金額とその者の分割金額との合計額以上であり、かつ、その者の6月分金額とその者の分割金額に2を乗じて得た金額との合計額に満たない場合には、6月中に定められている納期及び8月中に定められている納期において徴収すべき税額はないものとし、10月中に定められている納期においてはその者の6月分金額とその者の分割金額に2を乗じて得た金額との合計額からその者の普通徴収の個人の市町村民税に係る特別税額控除額を控除した残額に相当する税額を、1月中に定められている納期においてはその者の分割金額に相当する税額を、それぞれ徴収するものとする。

四　特別税額控除対象納税義務者の普通徴収の個人の市町村民税に係る特別税額控除額がその者の６月分金額とその者の分割金額に２を乗じて得た金額との合計額以上である場合には、６月中に定められている納期、８月中に定められている納期及び10月中に定められている納期において徴収すべき税額はないものとし、１月中に定められている納期においてはその者の普通徴収の個人の市町村民税の額に相当する税額を徴収するものとする。

2　前項の規定の適用がある場合における第320条の規定の適用については、同条中「当該個人の市町村民税額」とあるのは、「附則第５条の９第１項第１号に規定する特別税額控除前の普通徴収に係る個人の市町村民税の額」とする。

3　市町村が令和６年度分の個人の市町村民税（６月中に定められている納期から第321条の７第１項の規定により普通徴収の方法によって徴収されることとなったものを除く。）を同項の規定により普通徴収の方法によって徴収する場合については、前２項の規定は、適用しない。

（令和６年度分の給与所得に係る個人の市町村民税の特別徴収に関する特例）
第５条の10　附則第５条の８第４項及び第５項の規定の適用がある場合における第321条の５第１項の規定の適用については、令和６年度分の個人の市町村民税に限り、同項中「12分の１」とあるのは「11分の１」と、「６月」とあるのは「７月」とする。

（令和６年度分の公的年金等に係る所得に係る個人の市町村民税の特別徴収に関する特例）
第５条の11　（省略）

（令和７年度分の個人の道府県民税及び市町村民税の特別税額控除）
第５条の12　道府県は、令和７年度分の個人の道府県民税に限り、道府県民税に係る令和７年度分特別税額控除額を、特別税額控除対象納税義務者（同一生計配偶者（控除対象配偶者及び第34条第８項の規定による判定をするときの現況においてこの法律の施行地に住所を有しない者を除く。）を有するものに限る。）の第35条、第37条から第37条の４まで、附則第３条の３第２項、附則第５条第１項、附則第５条の４の２第１項、附則第５条の５第１項及び附則第７条の２第１項の規定を適用した場合の所得割の額から控除する。

2　前項の道府県民税に係る令和７年度分特別税額控除額は、第１号に掲げる額と第２号に掲げる額との合計額（以下この項及び第４項において「個人の住民税の所得割の額」という。）が１万円を超える場合には１万円に第１号

に掲げる額を個人の住民税の所得割の額で除して得た数値を乗じて得た金額（当該金額に1円未満の端数があるとき、又は当該金額の全額が1円未満であるときは、その端数金額又はその全額を切り上げた金額。第4項において「道府県民税特別税額控除額」という。）とし、個人の住民税の所得割の額が1万円を超えない場合には同号に掲げる額に相当する金額とする。

一　特別税額控除対象納税義務者の第35条、第37条から第37条の4まで、附則第3条の3第2項、附則第5条第1項、附則第5条の4の2第1項、附則第5条の5第1項及び附則第7条の2第1項の規定を適用して計算した場合の所得割の額

二　特別税額控除対象納税義務者の第314条の3、第314条の6から第314条の9まで、附則第3条の3第5項、附則第5条第3項、附則第5条の4の2第5項、附則第5条の5第2項及び附則第7条の2第4項の規定を適用して計算した場合の所得割の額

3　市町村は、令和7年度分の個人の市町村民税に限り、市町村民税に係る令和7年度分特別税額控除額を、特別税額控除対象納税義務者（同一生計配偶者（控除対象配偶者及び第314条の2第8項の規定による判定をするときの現況においてこの法律の施行地に住所を有しない者を除く。）を有するものに限る。）の第314条の3、第314条の6から第314条の9まで、附則第3条の3第5項、附則第5条第3項、附則第5条の4の2第5項、附則第5条の5第2項及び附則第7条の2第4項の規定を適用した場合の所得割の額から控除する。

4　前項の市町村民税に係る令和7年度分特別税額控除額は、個人の住民税の所得割の額が1万円を超える場合には1万円から道府県民税特別税額控除額を控除して得た金額とし、個人の住民税の所得割の額が1万円を超えない場合には第2項第2号に掲げる額に相当する金額とする。

（政令への委任）
第5条の13　附則第5条の8から前条までに定めるもののほか、これらの規定の適用がある場合における技術的読替えその他これらの規定の適用に関し必要な事項は、政令で定める。

【関連資料④】

低所得者支援及び定額減税を補足する給付について

令和5年12月14日
内閣官房令和5年経済対策給付金等事業企画室

　低所得者支援及び定額減税を補足する給付として、定額減税の実施と併せて以下の一連の給付を実施する。

(1)　個人住民税均等割のみの課税がなされる世帯への給付

　令和5年度における個人住民税均等割非課税世帯（以下「住民税非課税世帯」という。）以外の世帯であって、個人住民税所得割が課せられていない者のみで構成される世帯（以下「均等割のみ課税世帯」という。）に対し、1世帯当たり10万円を支給する。

(2)　こども加算

　令和5年度における住民税非課税世帯及び均等割のみ課税世帯への給付への加算として、当該世帯において扶養されている18歳以下の児童1人当たり5万円を支給する。

(3)　新たに住民税非課税等となる世帯への給付

　新たに住民税非課税又は均等割のみ課税となる世帯（令和5年度に上記給付の対象となった世帯を除く。）に対し、1世帯当たり10万円を支給する。対象となる児童がいる場合には、上記(2)に準じた加算を行う。

(4) 調整給付

　納税者及び配偶者を含めた扶養家族に基づき算定される定額減税可能額が、令和6年に入手可能な課税情報を基に把握された当該納税者の令和6年分推計所得税額又は令和6年度分個人住民税所得割額を上回る者に対し、当該上回る額の合算額を基礎として、1万円単位で切り上げて算定した額を支給する。

　なお、令和6年分所得税及び定額減税の実績額等が確定したのち、当初給付額に不足のあることが判明した場合には、追加で当該納税者に給付する。

(5) 執行

・上記(1)及び(2)の給付については、地方公共団体の事務処理等を踏まえつつ、令和6年以降可能な限り速やかに支給を行うことを目指す。

・上記(3)及び(4)の給付については、令和6年に入手可能な情報を基に支給を行っていくこととしつつ、速やかな支給開始に向けて、地域の実情に応じた早期の執行着手など、地方公共団体における柔軟な対応を可能とする。

・重点支援地方交付金の仕組みを活用し、上記の標準事業を行う地方公共団体に対して、これに必要となる給付費及び事務費を交付する。なお、簡素迅速な給付がなされるよう、関係機関と連携して、給付を支援するサービス等の開発・導入支援を国主導で行い、地方公共団体におけるデジタル技術を積極的に活用した取組みを促す。あわせて、国民への丁寧な説明・周知広報を行う。

〔出典〕内閣府地方創生推進室HP

デフレ完全脱却のための総合経済対策

（令和5年11月2日閣議決定）（抄）

第1章　経済の現状認識と経済対策の基本的考え方

　2．経済対策の基本的考え方

　　（第1の柱：物価高から国民生活を守る）

　　（前略）物価高に最も切実に苦しんでいる低所得者には迅速に支援を届けることとし、物価高対策のための「重点支援地方交付金」の低所得世帯支援枠を追加的に拡大して、支援を行う。

　　<u>令和6年度税制改正による所得税・個人住民税の定額減税とこの住民税非課税世帯への支援は、支援の手法、対象となる所得層、実施時期が異なる中、両支援の間にある者に対しても丁寧に対応することとし、令和6年度税制改正と併せて本年末に成案を得る。</u>

第2章　経済再生に向けた具体的施策

第1節　物価高から国民生活を守る

　1．物価高により厳しい状況にある生活者・事業者への支援

　　（前略）物価高に最も切実に苦しんでいる低所得者には、迅速に支援を届ける。多くの地方公共団体において、本年夏以降1世帯当たり3万円を目安に支援を開始してきた物価高対策のための「重点支援地方交付金」の低所得世帯支援枠を追加的に拡大し、今回、1世帯当たり7万円を追加することで、住民税非課税世帯1世帯当たり合計10万円を目安に支援を行う。

　　<u>令和6年度税制改正による定額減税と上記の住民税非課税世帯への支援</u>

は、支援の手法、対象となる所得層、実施時期が異なる中、両支援の間に
ある者に対しても丁寧に対応する。具体的には、

① 住民税非課税世帯には該当しないが、個人住民税の定額減税の対象と
ならない住民税均等割のみ課税される世帯、定額減税が開始される時期
に新たな課税情報により住民税非課税世帯に該当することが判明する世
帯には、地域の実情に応じて、上記の住民税非課税世帯への支援と同水
準を目安に支援を行えるよう、また、

---

② 低所得者世帯のうち世帯人数が多い子育て世帯や、定額減税の恩恵
を十分に受けられないと見込まれる所得水準の者には、地域の実情等
に応じ、定額減税や他の給付措置とのバランスにおいて可能な限り公
平を確保できる適切な支援を行えるよう、

物価高対策のための「重点支援地方交付金」による対応を中心に、地方公
共団体の事務負担に配慮しつつ、令和6年度税制改正と併せて、本年末に
成案を得る。

これらの趣旨・内容等については、国民に対し、丁寧な説明・周知広報
に努める。

〔出典〕内閣府地方創生推進室HP

〔著者紹介〕

清水 一郎（しみず いちろう）

東京国税局課税第二部法人課税課（源泉所得税担当）、国税庁課税部法人課
税課（源泉所得税担当）、国税庁課税部審理室（所得税担当）、国税不服審
判所東京支部審査官、麻布税務署審理専門官（源泉所得税担当）等を経て
退官、2017年に税理士登録、現在税理士法人タックス・マスター社員税理
士。
〔主な執筆書〕『法人税・法人事業税ガイドブック』（共著、大蔵財務協会・
2024）

柳谷 憲司（やなぎや けんじ）

2006年4月東京国税局に入局。同局管内の税務署において、個人事業主や
海外取引を行っている個人への税務調査及び申告相談事務等、東京国税局
課税第一部国税訟務官室及び国税庁課税部審理室において訟務（税務訴訟）
事務、国税不服審判所東京支部において審査請求の調査事務に従事。2021
年7月退官後、勤務税理士を経て、現在柳谷憲司税理士事務所所長。
〔主な執筆書〕『法人税・法人事業税ガイドブック』（共著、大蔵財務協会・
2024）、『関与先から相談を受けても困らない！デジタル財産の税務Q＆A』
（共著、ぎょうせい・2023）、「デジタル財産の税務最前線」（月刊税理連載・
2023年4月号〜）

税理士・源泉徴収義務者必携
定額減税の実務チェックポイント

令和6年5月21日　初版発行
令和6年6月27日　再版発行

不　許
複　製

著　者　　清　水　一　郎
　　　　　柳　谷　憲　司
（一財）大蔵財務協会　理事長
発行者　　木　村　幸　俊

発行所　　一般財団法人　大 蔵 財 務 協 会
〔郵便番号　130-8585〕
東京都墨田区東駒形1丁目14番1号
（販　売　部）TEL03（3829）4141・FAX03（3829）4001
（出版編集部）TEL03（3829）4142・FAX03（3829）4005
https://www.zaikyo.or.jp

乱丁・落丁の場合は、お取替えいたします。
ISBN978-4-7547-3246-2

印刷　恵友社